승자독식
바꾸자 기성정치!

승자독식
바꾸자 기성정치!

초판 1쇄 발행 2023년 7월 5일

지은이   주명룡
펴낸이   이기봉
편집   좋은땅 편집팀
펴낸곳   도서출판 좋은땅
주소   서울특별시 마포구 양화로12길 26 지월드빌딩 (서교동 395-7)
전화   02)374-8616~7
팩스   02)374-8614
이메일   gworldbook@naver.com
홈페이지 www.g-world.co.kr

ISBN   979-11-388-2093-6 (03340)

승자독식
바꾸자 기성정치!

우리 삶을 황폐하게 하는 정치권 어떻게 해야 하나?
주명룡 정치 칼럼에세이

좋은땅

"난 이미 출세했다, 세상에 태어났으니"

지금까지 살아오면서
신념과 소신을 위해 걸었고
더더욱 앞으로 다가올 인생도 그렇게 살 것이며

살아 숨 쉬는 동안 더욱 치열히
같은 생각을 가진 후진양성에 애쓰며

조국 발전과 기본 삶의 질 향상을 위해
남은 생을 바칠 것입니다.

마음으로 행동으로 지지하는 친구들에게.

주명룡

프롤로그

"정당 해 봤니? 나는 해 봤다!"

필자는 2014년 '고용복지연금선진화연대'라는 정당을 창당해 당대표로 두 번의 선거를 치러 봤다. 20대 총선과 대선을 경험하면서 고용복지연금당을 자진 해산했다. 4년 가까운 정당 경험을 가슴에 두고 지금은 본업으로 생각하는 노령화 관련 NGO 활동에 전념하고 있다.

고용복지연금당을 대표하고 있을 때 정치 관련 에세이《승자독식, 바꾸자 기성정치》를 냈었다. 정당을 자진 해산하고 이젠 정치활동을 안 한다 했지만, 관련 NGO 활동 자체가 사회제도에 늘 집중적 모니터링을 해야 하는 습관적 행동에 정가 소식이 넘치게 들어올 수밖에 없다. 매일 아침 잠깐씩 출근길에 듣는 여의도 소식은 정당을 이끌어 본 경험 탓인지 무엇이든 간섭해야겠다는 생각을 갖게끔 한다.

비례대표제도

표퓰리즘(포플리즘) 정책

국민 분별력 높이기

출판사를 섭외하고 벼락치기 공부하듯 창당 2주년 기념 때 출판했던 승자독식, 바꾸자 기성정치 개정 보완판으로 추가 원고를 준비한다.

한국 정치를 그때나 지금이나 들여다보면서 느끼는 것은 정치가 염치가 좀 있어야 한다는 생각이다. 지도자라고 나서는 사람들이 점점 염치가 없어지는 것 같아 안타깝다. 우리 사회에 시민을 대표해 통치의 자격을 갖춘 훌륭한 사람들이 많지만 이 자격을 갖춘 사람들이 뻔뻔한 정치판에 나서지 않기 때문에 엉뚱한 사람에게 통치를 받고 고통스러워진다.

필자가 정치 에세이를 낸 경력은 아주 오래전 또 있다. 20여 년 전 뉴욕한인회장직을 물러난 후 미주 한인들의 정치력을 높여 미 주류사회에 진입시키자는 뜻으로 재미한인 'PAC(정치활동위원회)'를 설치하면서 미국 정치 관련 에세이를 냈었다.

그때나 지금이나 정치 관련 에세이를 내는 진정한 심정은 유권자인 국민이 정치에 관심을 갖고 선거에 임할 때 정치 수준이 올라간다는 확

고한 신념 때문이다. 정치 수준이 올라가면 정치가 발달하고 국력이 성장하며 국민 모두가 잘사는 나라로 발전할 수 있다는 상식적 진리를 알자는 것이다. 그래야 정치권이 국민을 무서워하고 국민을 위해서 무엇을 해야 할까 하는 정치인들이 늘어나게 될 것이다. 정치를 외면하면 할수록 나쁜 정치인들은 좋아한다.

이 책자가 관심 있는 국민에게 정치의식을 높이는 데 도움이 된다면 큰 기쁨이 되겠다.

2022. 12. 30.
주명룡
전 뉴욕한인회장
현 NGO KARP 대표

목차

정치개혁

우리 삶을 황폐하게 하는 정치권, 어떻게 해야 하나?

NGO에서
정치로

2015년 3월 6일 고용복지연금선진화연대 창당대회
(서울 정동 프란치스코 교육회관)

NGO 출신의 변신, 원외정당 대표

나는 정치인을 좋아하진 않는다. 여의도에서 공식 회의라도 있게 되면 미리 걱정된다. 사회변화 운동을 하는 NGO 활동의 많은 부분이 정치인을 만나고 설득해 제도개선을 하는 일인데도 정치인을 싫어했다. 그래서 회의차 여의도를 갈 때도 혼자 다니질 않았고 정치인 명함을 받아도 정리하지 않고 책상 한구석에 던져 놓기 일쑤였다. 그만큼 정치인에 대한 불신이 컸고 국민의 대표로 여의도에 있는 분들을 인정하고 싶은 마음이 별로 없었다.

그런 내가 정당을 창당했었다.
말이 안 되는 짓을 한 것이다.

이유는 대한은퇴자협회를 이끌면서 쌓여 온 NGO의 한계 때문이었다. 여의도는 4년마다 바뀌는데 나는 늘 그대로였다. 같은 정책을 갖고 되풀이해서 의원들과 마주해 "알았습니다"라는 답변을 듣는 게 힘들었다.

NGO 활동을 하던 사람이 창당해야겠다고 마음을 굳혀 갈 때 제일 마음에 거리낀 것은 그만큼 여의도를 불신하고 분노해 왔던 내가 정당을 만들어야 하는 이유를 어떻게 합리화할 것인가였다.

이제 지난 일이지만 2014년 초 주명룡의 내면은 이제 변신해야 하는 자신의 처지를 어떻게 사람들에게 설명하고 당원이 되어 달라고 청해야 하는가에 시달리고 있었다.

2014년 1월 KARP대한은퇴자협회 창립 12주년 기념행사를 치르고 유럽으로 떠났다. 유럽은 NGO 활동으로 매년 1~2차례 다녀오는 곳이지만 이젠 다른 목적을 갖고 스칸디나비아 반도국을 돌았다. 정치탐방 여정이었다. 3월 초 귀국한 나는 유럽에서 정당의 어렴풋한 그림을 느끼면서 곧 다시 여행 준비에 들어갔다.

그리고 6월에 다시 유럽 여행에 올랐다. 유럽 대륙을 돌면서 정당 대표들을 만나 견문을 넓혔다. 국경이 자주 바뀌는 조그만 나라들을 들르려 시간 절약, 여비 절약을 위해 차로 국경을 넘나들었다. 2014년 7

월 한 달여 유럽일정을 끝내고 암스테르담 스키폴 국제공항에서 인천행 밤 비행기를 기다리면서 나는 정당이라는 정치기계를 만들어야겠다고 마음 정리를 해 나갔다.

그리고 서울 도착 후 바로 행동에 옮기기 시작했다. 가까운 지인들을 설득해 나가면서 창당준비위를 구성해 나갔다. 창당의 합리적 이유를 설명하고 지지를 얻어내는 일이 가장 힘든 일이었다. 중앙선거관리위원회를 방문해 자문을 얻고 부지런히 관련 지식을 섭렵해 갔다. 2014년 9월 창당준비위원회를 설치하고 정당의 기본 구성 작업에 돌입했다. 한겨울 내 전국을 돌면서 창당의 인적 기본 구성을 마쳤다. 창당의 고통은 이루 말로 설명하기 어렵다. 정해진 기일 안에 기본 구성을 마쳐야 한다.

한결같이 만류하는 사람들이었지 하라는 사람은 없었다. 멀쩡한 재미교포 한 명이 NGO 활동을 10여 년 하더니 드디어 미쳐 가는 것 같다는 얘기도 들었다. 그래도 진솔한 주위 사람들 도움으로 2015년 봄 창당의 기쁨을 만끽할 수 있었다. 나로서는 2001년 11월 KARP대한은퇴자협회를 이 땅에 설립하겠다고 뉴욕 케네디공항을 떠나는 심정으로 나선 창당의 길이었다.

사람들은 무슨 정당 이름이 이러냐고 묻는다

정당 '고용복지연금선진화연대'는 11자나 되는 긴 이름을 갖고 있다. 길기도 길지만 정당 이름이 뭐 이러냐고 묻는다. 창당 활동을 하면서 늘 듣던 질문이다.

총선, 대선을 치르면서 선거 운동을 펼칠 때는 시민단체냐고 묻는 사람들이 많았다. 우리나라 정당은 당명을 지을 때 공식처럼 붙이는 단어들이 있다. 그 규범을 벗어나니 정당으로 보이질 않는 모양이다.

고용복지연금선진화연대 정당 명칭에 대한 관심 있는 일부 시민들, 또는 예비 후보들의 한결같은 부탁은 당명 개정이었다. 2016년 총선을 앞두고 문을 두드린 한 예비후보는 '구국당'으로 당명을 바꾸면 출마하겠다고 했다. 강남에 출마한 다른 후보는 고용복지연금선진화연대 현수막을 내걸면서 '선진화연대'만 크게 보이게 하는 등 실소를 금치 못하게 하는 일들이 있었다.

'고용복지연금당'은 정당이 목표하는 정책 방향을 뚜렷이 제시하고 있다. 이러한 당명이 나온 바탕은 한국에서 KARP대한은퇴자협회를 이끌면서 경험한 정책에 대한 대안 마련과 선진국에서 얻은 지식의 산물이라 하겠다. 이제는 정당도 전문화되어야 한다고 깨우쳤고 그 실천을 그대로 옮기고 싶었다.

고용복지연금선진화연대?

서민 중산층 시니어		생존권적 기본권을 실행하는 정책정당

고용복지연금선진화연대?

서민, 중산층, 시니어
고용

경제 생활복지

예측되는 미래 삶

고용복지연금당은 노령화 전문 정책 정당이다.

정당의 정책적 전문화, 유럽식 비례대표제에 의한 다당제가 대세인 미래사회 예견, 노령화 사회에서 겪게 되는 고용과 연금 문제들이 모든 사람의 관심이라는 것이다.

정당의 최대 목적은 정권을 잡는 일이다. 순수한 좋은 의미의 해석이다. 그래서 원내정당이든 원외정당이든 끊임없이 정책을 개발하고 대안을 내놔 국민의 지지를 받고 국가발전에 기여하자는 것이다. 그러나 작금의 현실 정치에서 원외정당이 정권을 잡는다는 것은 대단히 어려운 일이다.

고용과 연금을 바탕으로 미래 생활복지를 구현하겠다는 기본 정책은 당시 우리 정당의 뼈대였다. 거기에서부터 통일을 얘기하고, 국방, 외교, 문화 등 정당이 갖춰야 할 기본 정책들을 갖춰야 한다고 본다.

여하튼 나는 2014년 봄, 여름 전 두 차례, 2015년 창당 후 한 차례, 2016년 4.13선거 후 또 한 차례 등 네 차례에 걸쳐 유럽 20여 개국을 돌면서 선진 정치를 경험했다. 그리고 왜 민주정치가 발달하고 잘살며 사회복지제도가 잘 구비된 나라들은 하나같이 미국과 다른 선출제도를 가지고 있는 지를 깨닫게 되었다.

정당의 또 다른 정치활동, 정당 속의 NGO

고용복지연금의 홈페이지(www.wew.or.kr)의 당 대표 인사말에서 "인생 마라톤의 긴 여정에서 물컵이 되어 패자가 부활할 수 있는 나라를 만들고, 미래 생활을 안심하고 맞을 수 있는 생활환경을 만들어 나가는 정당 속의 NGO로 고용복지연금이 앞장설 것"이라고 밝혔다.

앞에서 얘기했지만, 정당을 만든 이유는 대한은퇴자협회라는 노령화 전문 국제 NGO를 이끌면서 부딪치는 정치권의 무지와 변화에 의지 없는 국회의원의 행태에 분노하고 실망하며 NGO의 한계를 넘고자 창당이라는 행동으로 옮기게 된 것이다.

미국에서 겪은 소수민족 NGO 활동과 한국에서 얻은 뼈저린 경험은 뜻있는 국회의원 한 명만 만들면 괜찮은 제도를 만들어 가는 데 큰 힘이 될 것으로 믿고 있기 때문이다.

그러나 70년이 되어 가는 미국에 의해 만들어진 현재의 선출제도(FPTP)로는 원외정당이 의원을 만들어 내기는 아주 요원하다.

총선, 대선을 경험하면서 더욱 비싼 경험을 했다. 다행히도 계속된 유럽 정치 투어는 정치 초년생인 나에게 큰 방향을 제시했다. 우리나

고용복지연금선진화연대 정당 창당식

라 정치 선진화 운동에 앞장서 가기로 했다. 그것은 유럽식 선출제도, 비례대표제(PR)의 도입이었다. 이는 뒤에서 언급하겠지만 독일, 네덜란드, 뉴질랜드식 선거제도를 말한다. 이제 미국식 선출제도에서 벗어나야만 구태의연한 기성정치를 탈피해 나갈 수 있다.

승자독식,
기성정치 제도 탈피.

이것이 정치개혁이다. 이 책을 발간하는 이유도 기성정치 제도를 떨쳐 내야만 우리 사회가 선진화될 수 있고 더 좋은 나라로 발전할 수 있다는 신념 때문이다.

서두에서 필자는 정치개혁의 방향에 대해 큰 제목을 미리 얘기해 주고자 한다. 그렇게 함으로써 이 책이 말하고자 하는 필자의 방향을 미리 알고 흥미를 갖는 분들은 끝까지 읽어 보시고, 그렇지 않으면 이 책을 덮어도 미안해하지 않을 것이다. 우리나라 정치개혁에 같이할 동지가 다만 몇 명이라도 나오면 큰 기쁨이라 하겠다.

"바꾸자 기성정치, 이것이 정치개혁이다."

- 유럽식 비례대표제 선출제도 도입
  - 지역 비례혼합대표제도(MMP)로 가자

- 3가지 정치개혁
  - 대선 총선 지선 하나로 묶어 선거 치르자!
  - 기초의원 군, 구제도를 비임금 명예봉사제로 바꾼다!
  - 표퓰리즘에 대한 검증제도를 실시한다!

- 시민의식 개혁교육
  - 정치 외면이 아닌 대국민 정치참여 운동을 펼친다!
  - 국민 수준이 정치 수준이다.

　다시 말해 첫째 유럽식 선출제도 도입, 둘째 3가지 정치개혁, 셋째 시민의식 개혁이라는 과제를 이 땅에서 풀어내야만 선진화된 모두가 잘 사는 나라로 발전하게 된다는 바탕에서 시작한다.

막스 베버는 저서 《직업으로서의 정치》에서 "정치란 열정과 균형감 각 둘 다를 가지고 단단한 널빤지를 강하게 그리고 서서히 뚫는 작업 이다"라고 말했다. 위에 나열한 사회변화운동은 강하게 그러나 서서히 균형감각과 책임의식을 가지고 펼쳐야 할 장기간의 사업이다.

167만 원외정당 득표, 대선 판가름한다!

2015년 4월 13일 실시된 20대 총선에서 원외정당은 167만 표를 득표 했다. 국회의원 1명 만들어 내지 못한 사표였지만 뜻있는 원외정당 대

고용복지연금당은 총선에서 원외정당들과 연대활동을 펼쳤다.

표들이 의기투합했었다. 2016년 여름 '원외정당협의회'를 결성하고 주기적으로 모여 왔다.

20대 총선에서 원외정당이 얻은 167만 표는 2017년 대선을 판가름하고도 남는 득표수다. 지난 4개의 대선에서 당락의 표차는 39만, 57만, 100만, 24만 표였다. 4개 대선 평균표차 54만 표다.

그러니 정치권은 전략적으로 해외교포 투표권을 부여해 왔다. 특히 여당이 해외교포 선거권 부여를 주장해 왔고 선거를 치러 왔다. 해외교포 특성이 주로 보수적이며 여당 성향을 가졌기 때문이다.

700만 재외동포의 모국정치참여 기회를 위해 113개국 198개소에 투표소를 설치했다. 그러나 수백억 원의 선거비용을 썼지만 고작 6~7만 명의 선거 참여 결과를 내고 있다.

또 고3 재학생이 될 18세 이상의 투표권이 주어졌다. 19세에서 18세로 유권자 연령이 낮춰지면서 61만 명의 새로운 유권자가 생겼다. 여야가 득실을 따지게 됨은 당연한 현실이다.

원외정당협의회를 구성해 간사를 맡았던 필자는 소위 '군소정당'이라 불리는 국회의원 없는 정당에 원외정당 용어를 사용하고 원외정당이 겪고 있는 편파적 선출제도에 공동 대책을 강구하자고 앞장섰다.

현재 40여개의 등록 정당(중앙선거관리위원회 조사)이 운영되고 있으나, 9년 전 고용복지연금당이 창당될 때는 17개였다.

국회의원 없는 정당, 원외정당

국회의원이 한 명도 없는 정당을 원외정당이라 부른다. 군소정당과는 다른 개념이다. 고용복지연금당을 이끌면서 군소정당이라 불리는게 매우 싫었다. 호칭 관계로 선언이 필요해 "우리도 정당이다"라는 기자회견을 국회 정론관에서 가진 일이 있다. 이후 언론이나 정가에서 군소정당이라는 말은 사라졌다.

고용복지연금당을 창당해 활동하면서 원외정당을 규합해야 할 필요성을 절실히 느꼈다. 서로의 정치노선은 다르더라도 정가 소식과 원외정당이 겪는 불합리한 사안에 공동으로 대처하자는 생각에서였다.

2015년 봄, 중앙선거관리위원회 등록 정당은 16개였다. 의원이 있는 정당을 제외하고 정당마다 일일이 전화를 해 같이 갈 의향을 물었다. 희한한 일은 연락조차 닿지 않는 정당도 있었다. 중앙선관위에 재확인하고 10여 차례 이상 통화한 끝에 12개 원외정당이 첫 모임을 가졌다. 상견례를 겸한 1차 모임 이후 잘될 것 같은 이 모임은 불참자가 늘어나면서 5~6개로 줄었다. 2주마다 모여 30회 이상의 모임을 가졌다. 2017년 가을, 필자가 대표로 있던 고용복지연금당을 자진 해산하면서 원외정당 모임도 해체되었다. 그 인연으로 지금도 그때 서너 명의 원외정당 대표들과 저녁 모임을 갖곤 한다.

연동형비례대표제 도입이 논의되고, 기존 정당의 쪼개짐이 늘면서 이 글을 준비하고 있는 2022년 1월 현재 대한민국에는 39개의 등록 정당이 있다. 여기에 또 19개의 창당준비위원회가 있어 이 숫자는 더욱 늘어날 것이다. 최소 40개 이상의 정당이 21대 총선에 나섰다. 21대 총선의 위성정당 출현으로 별 희한한 국회의원이 탄생한 것은 한국 정치의 비극이다.

선거가 다가오고 원외정당 모임을 주선하며 간사로 활동했던 필자는 가끔 원외정당들이 왜 정당을 하려는 지 의문이 든 적이 한두 번이 아니다. 정당 활동이 전혀 없던 정당들이 선거 때마다 살아나 움직인다. 연동형비례대표제가 도입되었지만 이해하기 어려운 한국형 준준연동형 비례대표제에 혜택을 볼 원외정당은 거의 없다고 필자는 생각한다. 유럽형 비례대표제에 홀딱 반해 20여 개국을 돌며 경험한 비례대표제와는 상당히 다르다.

무엇보다 비례대표 3% 득표 문턱부터 넘어야 한다. 2016년 총선보다 유권자 투표 참여가 증가하리라 볼 때 3% 득표는 80만 표 이상 얻어야 의원 1~2명을 배출할 수 있다. 선거 경험이 있는 원외정당은 3% 문턱이 얼마나 높은 것인지 잘 알고 있다. 나라마다 다르지만 5%, 10% 득표 문턱이 있는 것에 비하면 양호해 보인다. 그러나 1%, 2% 낮은 문턱의 국가도 있다.

20대 총선 때 고용복지연금당은 서울 지역 3명의 후보를 냈다. 선대본부장을 맡은 필자는 뉴욕한인회장 선거 때 경험을 살려 자원봉사단과 SNS단을 편성해 차례차례 정책을 내놓으며 20여 번의 토론회 및 포럼을 주최했다. 선거운동도 법을 엄격히 지키면서 열심히 했지만, 중과부적으로 의원을 배출해 내지 못했다. 솔직히 재정부담에 시달린 당은 선거 마지막 10여 일은 새벽부터 서울역에 나가 매일 15시간 이상 강행군하는 선거운동을 펼쳤을 뿐이다. 그러나 전국에 5개 선거구가 있지만 재정난으로 선거운동은 미미했다. 이태리의 '5성운동' 정당이나 스페인의 '포데모스' 정당처럼 군중이 운집하는 대규모 선거운동을 펼칠 수 없었던 원외정당의 한계였다. 유럽과 한국의 정치환경이 다르다고 핑계를 대고 싶다.

오지랖 넓게 안타까운 심정으로 2019년 연말에 짬을 내 20여 원외정당과 통화해 카카오톡 연결망을 만들었다. 경험 전수 차원에서였다.

반갑게 대하는 정당도 있지만 대부분 경계하는 분위기였다. 정당 명칭 하나 SNS에서조차 듣도 보도 못한 정당이 어떻게 선거에 임할까 참 답답했다.

대부분의 원외정당은 득표 몇만 표라는 홀수 자리에서 고배를 마시고 있다. 그래도 창당 러시는 계속되면서 정치를 하려는 인물들의 헌팅은 계속되고 있다. 그래도 당시 통화를 했던 정당이 위성정당 덕으로 국회의원이 되는 희한한 일을 겪었다. 고복연을 같이했던 회원들 중엔 정당을 유지만 했어도 한 명쯤 국회에 입성했을 것이라고 필자를 채근하기도 했다.

동물의 왕국에서 배운다

승자독식 선출제도는 양당정치를 되풀이한다.
4년, 8년 주기를 두고 되풀이되는 패거리 악정에 국민은 시달린다.

돼지들의 나라

1945년에 출판된 조지 오웰의 《동물농장》은 베스트셀러였던 당대는 물론 현재까지도 수요가 줄지 않는 풍자 우화이다. 동물 중 머리가 좋다는 돼지를 통해 우리 정치를 투영한다.

'메이너농장'의 동물들은 수퇘지 메이저를 통해 동물로써 마땅히 누릴 자유와 권리를 인식하고, 이를 획득하기 위해 인간을 상대로 반란을 일으킨다. 메이저는 농장의 모든 동물에게 존경받았다. 그는 죽기 전에 자신이 가진 지혜와 지식을 전파하기 위해 연설을 시작한다.

현재 동물의 삶은 "비참과 노예 상태"이며, 그 까닭은 다름 아닌 인간 때문이다. 인간은 동물의 적이고, 인간을 몰아내야 동물들이 굶주리지 않고 고통받지도 않는다는 것이다. "우리는 온 신명을 바쳐 인간이라는 종자를 뒤집어엎는 일에 나서야 합니다. 동무들, 이것이 내가 여러분에게 주는 메시지요. 반란을 일으키라, 반란을!"

그는 열변을 토한다. 반란이 언제 닥칠진 모르나, 인간을 몰아낼 그 정의의 날은 필시 다가온다고 메이저는 예언한다. 환호하는 동물들에게 메이저는 어쩌면 자신의 궁극적인 사상이자 이념일지 모를 말을 전한다.

"절대 인간의 악한 짓거리를 모방하지 말며, 동물은 동족을 폭압해서도 죽여서도 안 된다. 모든 동물은 평등하다."

간밤의 꿈에 나타났던 평화로운 과거를 복기하며, 메이저는 끝으로 〈잉글랜드의 짐승들〉 노래를 알려 준다.

메이저의 영향인지는 불분명하나, 모든 동물 중 가장 똑똑한 건 돼지라는 인식이 농장에 뿌리내렸다. 그리고 메이저의 예언대로 반란이 일어났다. 동물들이 존즈 부부와 일꾼들을 모두 몰아냈다. 돼지들을 선두로 동물들은 존즈 부부가 사용하던 본채를 둘러보았다. 채찍, 댕기, 고삐, 굴레 등 동물을 억압하는 데 쓰인 도구들이나 인간을 상징하는 표식들은 모두 불태웠다.

그들은 본채 건물을 박물관으로 보존키로 했고, 어떤 동물도 그 안에서 살 수 없다는 조항을 만들었다. 여기서 놀라운 사실이 드러난다. 바로, 돼지들이 문자를 읽고 쓸 줄 안다는 것이다. 아이들이 버린 교재를 사용해 글을 몰래 익혀 왔던 것. 그뿐만 아니라 지난 몇 달간 '동물 주의'를 일곱 개 계명으로 함축해 공표했다. 메이너 농장 간판은 '동물농장'으로 바뀌었다.

돼지들이 맡은 일은 다른 동물에게 지령을 내리거나 감독하는 것이었다. 돼지는 제일 똑똑하고 우수하다는 인식이 여전했고, 덕분에 그들의 '지도 역할'은 자연스럽게 여겨졌다. 모든 동물이 일요일에 식사 끝마다 의식을 거행했다. 농장 마당에 깃발을 게양했으며, 깃발의 그림은 모든 인간이 사라진 평화로운 '동물 공화국'을 의미했다. 헛간에서는 '회의'라는 명칭의 총회가 있었고, 주별 계획이나 토의 및 토론이 진행됐다.

의견을 제출하는 건 전부 돼지들 몫이었다. 다른 동물들은 결의안을 제출할 줄 몰랐고, 다수결을 내리는 투표에만 참여했다. 돼지들은 인간 존즈 집에서 가져온 책들로 대장간 일을 포함한 각종 기술을 꾸준히 공부했고, 마구간을 그들만의 본부로 사용했다. '동물위원회'를 조직했고, 문자를 가르치는 학습반도 만들었다.

그 와중에 수확한 건초를 제외한 식량(우유나 떨어진 사과) 분배가 해결할 논제로 떠올랐다. 공평히 나누리라고 동물들은 예상했지만 착각이었다. 전부 돼지들 몫으로 돌아갔다. 이미 돼지 전원이 완전 합의를 한 상태였고, 농장을 위해 힘쓰는 자신들의 노고 때문에 어쩔 수 없다고 설명한다.

농장을 다스리고 계획하는 것은 돼지들 몫이었다. 평화로운 투표나 다수결의 원칙이 존재하지 않았다. 충성심 강한 부하들을 가지게 된 셈이었고, 이를 통해 절대적인 권력을 누렸다. 돼지들로 구성된 '특별위원회'를 통해 농장의 운영을 도맡았고, 다른 동물들 토론도 없앴다. "어떤 동물도 다른 동물을 죽여선 안 된다"는 계명이 "어떤 동물도 이유 없이 동물을 죽여선 안 된다"로 바뀐다. 갈수록 고되진 노동에 반해 보

동물농장은 돼지를 통해 현대 정치의 이면을 그려낸 놀랍고도 씁쓸한 작품이다.

상과 식량은 줄어든다. 인간이 주인이던 시절보다 나을 게 없다는 생각이 동물들 사이에서 어렴풋하게 맴돌았다.

인간을 모방하거나 그들의 도구를 사용하는 건 절대적으로 금지됐으나, 나폴레옹과 돼지에게만은 예외였다. 나폴레옹이 본채에서 개인적으로 방을 꾸렸으며, 정찬용 식기로 식사한다는 말이 농장에 퍼졌다. 호칭이 "우리의 지도자"나, "동물들의 아버지"로 승격되기까지 한다. 돼지들은 지하실에서 발견한 위스키로 잔치를 열기도 한다. 거나하게 취한 나폴레옹은 숙취를 앓는 동안 "어떤 동물도 술을 마시면 안 된다"는 계명을 세웠으며, 깨고 나선 "어떤 동물도 너무 지나치게 술을 마시면 안 된다"로 바꿨다. 후에 그는 양조법이나 알코올 증류법에 관한 서적을 요구하며, 동물들의 은퇴용 목장을 개척해 보리를 키우려 한다.

동물들은 피폐해졌으나 돼지와 개들만은 풍족했다. 새 규율을 만들어 새끼 돼지들은 다른 새끼 동물과 말을 섞어선 안 되고, 모든 동물은 돼지를 만날 때마다 옆으로 비켜서야 하며, 돼지들은 일요일마다 댕기에 꼬리를 달 수 있다는 것이 그 예다. 허기에 시달리는 동물들에게 보리나 따뜻한 여물은 당연하게 주어지지 않는다. 나폴레옹이 하루에 맥주 반 갤런을 마시고, 모든 돼지가 매일 한 파인트씩 맥주를 받을 때 말이다.

나폴레옹은 매주 한 번씩 '자발적 시위'를 열어 동물농장의 승리를 축하했다. '동물농장'은 이제 공화국으로 명명되었고, 한 명뿐인 후보에서 나폴레옹이 대통령으로 당선됐다. 농장은 눈에 띄게 부유해졌다지만 동물 각자의 삶엔 빛을 잃었다. 돼지와 개들은 각자의 생계를 위해 일하지 않았다. 명령만 했다.

 놀라운 사건이 등장한다. 양을 데리고 노래를 가르치던 돼지가 동물들 앞에 두 발로 선 것이다. 마치 인간처럼 돼지들이 모두 이족보행을 했다. 양들은 돼지가 가르친 대로 "네 발은 좋고 두 발은 더 좋다."라고 일제히 외쳤다. 일곱 개의 계명이 단 하나의 계명으로 바뀌었다. "모든 동물은 평등하다. 그러나 어떤 동물은 다른 동물들보다 더 평등하다."

 이제 돼지들은 인간이 사용하던 라디오나 전화와 같은 도구를 사용했고, 옷을 입고 잡지를 구독했으며, 파이프를 물고 두 발로 산책했다. 그 광경은 기이하거나 불쾌하게 여겨지지 않았다.

 어느 날 본채 응접실에 인간들이 찾아온다. 동물들은 두려움과 호기심이 뒤섞인 감정으로 돼지와 인간들의 대화를 엿보았다. 그들은 술을 마시며 카드놀이를 하고 있었다. 화기애애하던 분위기도 잠시, 인간과 돼지는 돌연 고함을 치며 싸운다. 카드 게임 중 패를 겹치게 냈다는 터무니없는 이유 때문이다. 성난 돼지와 인간을 보며 동물들은 돼지들에게 나타난 이상한 변화를 감지한다. 어느 쪽이 인간이고 동물인지 분간할 수 없게 된 것이다. 돼지들이 인간인지, 인간이 돼지인지 판단할 수 없게 되었다.

"어느 것이 어느 것인지 이미 분간할 수 없었다."라는 의미심장한 문장을 마지막으로 소설은 끝이 난다. '모든 동물의 평등'이란 거대한 이상은 권력과 계급이 발생하던 순간부터 서서히 변질되었다. 돼지와 다른 동물을 분리하던 때부터 이미 이러한 결과가 예견된 게 아닌가 싶다. 동물들에게서 현대 정치사회의 이면을 투영해 보게 만든 놀랍고도 씁쓸한 작품이다. 여의도와 무엇이 다른가?

쥐들의 나라

쥐들의 나라 쥐들도 우리와 같은 일상생활을 한다. 의회가 있고 4년마다 선거로 대표를 선출한다. 후보로 나서는 고양이들은 각종 공약을 내걸고 유권자인 쥐들의 표를 구걸한다. 어떤 후보는 쥐구멍을 좀 더 동그랗게 만들겠다 하고 또 다른 후보는 쥐구멍을 네모나게 만들어 쥐들의 통행을 편리하게 하겠다고 한다. 또 사고도 줄이고 보행을 안전하게 한다고 쥐들이 빨리 달리지 못하게 속도 제한법을 만든다. 그러나 이 모든 제도는 고양이들이 힘들이지 않고 쥐를 쉽게 잡아먹게 만들기 위한 것이다.

 고양이들만을 위한 속임수 공약들이다. 갈수록 생활이 어려워진 쥐들은 다음 선거를 기다려 더 나은 다른 색깔의 고양이 후보를 선출해 본다. 그러나 더욱 영악한 고양이 대표를 만나게 된다. 쥐들은 다른 색 고양이는 낫겠지 하고 검은 고양이에서 흰 고양이, 흰 고양이에서 점박이 고양이까지 선출해 본다.

 4년마다 바꿔 봐도 쥐들의 생활은 더욱 어려워진다. 영미식 양당제도가 만들어 내는 '승자독식', 돌아가면서 정권을 잡는 기성 특권정당의 폐해를 빗댄 얘기다.

 승자독식, 지금 대한민국의 정치 현장이 그렇다.

사자의 나라, 킹 라이언의 고민

 동물의 왕인 사자는 고민에 빠진다. 모든 동물들의 정치의식이 높아지면서 직접선출에 의한 대표를 원하게 된 것이다. 동물 왕국의 왕으로서 묘수를 고민하던 킹 라이온은 대표를 선정하는 선거규정을 만든다. 승자 선택 선거규정은 두 가지로 간단했다.

첫째 규정은 1인 1표

둘째 규정은 표를 제일 많이 받은 자가 승자

제일 먼저 Post를 통과한 자가 승자가 되는 소위 FPTP 또는 승자독식 선거법에 대한 비유다. FPTP 선출제도는 간결하며 간단히 승자를 선택할 수 있다. 이는 First Past The Post, 미국식 선출제도의 약자다.

현행 대한민국의 승자독식 단순다수제 선출제도는 다음과 같은 문제를 갖고 있다.

국민 의사에 관계없이 소수의 표를 획득했더라도 제일 많은 득표를 했다면 당선자로 결정된다는 것이다. 20%의 지지를 얻었다면 나머지 80%의 국민의 의사는 전연 반영되지 못한 채 대표로 선출되는 것이다. 승자독식 단순다수제 선거의 폐해는 한국의 정치 제도가 두 당이 지배하는 양당체제로 귀결된다는 것이다.

4년마다 또는 8년마다 동물의 왕국 대표는 바뀌며 동물들은 그들의 지배하에 피폐된 고달픈 생활을 이끌어 가게 된다.

동물의 왕국 혼합비례대표제

1918년 스위스에서 선거제도 국민투표를 앞두고 만들어진 포스터.
왼쪽은 승자독식 소선거구제를 상징하고 왼쪽은 골고루 나누는 비례대표제를 상징한다.

이는 승자독식 선출제도로 대표를 뽑던 동물 왕국의 후유증 때문이다. 킹 라이온의 고민은 계속된다. 선거가 끝나고 나면 늘 동물들이 선거 결과에 불만이 늘어놓기 일쑤였다. 킹 라이온은 민주주의적 선거를 실시하고 싶었다.

동물 왕국에는 5개의 선거구가 있다. 그리고 3개의 정당이 존재하고 있다. 2개 정당은 크고 다른 한 개는 작은 정당이다. 이번 봄에도 2년마다 실시되는 선거가 다가왔다. 의회로 보낼 대표의원을 선출하는 것이다.

선거 당일 동물들은 한 표씩 투표한다. 5개 지역구에서 쥐당이 3%, 고양이당이 48%, 호랑이당이 49%를 얻었다. 제도에 따라 5개 지역의 의원을 호랑이당이 독차지했다. 승자독식선출제도로 49%를 얻은 호랑이당이 51%(48%+3%)를 얻은 고양이당과 쥐당을 이긴 것이다. 물론 고양이당과 쥐당은 단 한 명의 의원도 배출하지 못했다.

이에 동물들의 불만은 쌓여 감에 따라 킹 라이온은 고민에 빠진다. 더 좋은 민주적 제도를 만들어 낼 수 없을까? 연일 회의가 열리고 꾀 많은 원숭이 참모가 좋은 선출제도안이 있다고 제안했다. 혼합비례대표제다.

원숭이 참모는 두 가지가 우선 결정되어야 한다고 말했다. 첫째는 의회 의석 정원이 두 배로 늘어야 하고, 유권자인 동물들은 두 표의 권리를 행사해야 한다. "참 좋은 제도다!" 참모들과 의논을 한 끝에 킹 라이온은 다음 선거부터 이 제도를 실시하기로 결정한다.

새로운 투표방식을 교육받은 동물들은 투표에 임한다. 우선 하던 방식으로 한 표는 지역의원 선출에 투표한다. 다음 한 표는 정당 투표를 던지는 것이다. 선거는 열기를 띠고 축제 속에 진행됐다.

개표결과 첫 번째 지역투표는 예상한 대로 호랑이당 49%, 고양이당 48%, 쥐당 3%였다. 두 번째 정당투표 결과는 좀 달랐다. 호랑이당 48%, 고양이당 40%, 쥐당 12%였다. 호랑이당은 이미 초과 대표성을 갖고 있고, 그간 불충분하게 대표된 고양이당이 4석을, 쥐당이 1석을 얻었다. 의회의 균형이 잡힌 것이다. 동물들은 자기들의 대표가 선출된 것을 무척 기뻐했다. 킹 라이온도 기뻤다. 정당선출 후보명단은 정당명부로 선거 전 정해 제출한다.

이렇게 지역·혼합비례대표제도는 민주적이며 좋은 점이 많다. 사표가 거의 없고, 표의 등가성이 높아진다. 개리 맨더링(Garrymandering)의 욕심을 가질 필요가 없고, 소수정당이 의회를 지배할 수 없으며 동물들에게 다양한 정치의 다양성을 줄 수 있다. 필자가 홀딱 반해서 유럽을 네 차례 방문하면서 20여 나라의 선거정책을 경험했던 비례 또는 혼합비례대표제가 바로 이것이었다.

21대 선거에서 연동형 비례대표제가 도입되었으나 실패했고, 2024년 22대 총선에서 중대선거구제가 논의되고 있지만 궁극적으로는 비례대표제로 개헌을 통한 선거제 도입이 요구된다.

한국 정치의
새로운 현상

네덜란드 선거관리위원회 위원장, 사무총장

해괴망측한 위성정당 출현

2015년 3월 6일 창당한 '고용복지연금선진화연대'는 결국 2017년 9월 15일 해산함으로써 2년 6개월 단명으로 끝났다. 수명은 짧았지만 값비싼 경험과 교훈을 안겨준 시간이었다. 더불어 소기의 성과도 있었으니 고용복지연금선진화연대가 주창했던, 이 책의 제목이기도 했던 '승자독식, 기성정치 탈피'와 이를 위한 유럽식 비례대표 도입 등의 정치개혁이 2020년 총선에서 그 필요성을 확대시켰기 때문이다. 또한 2024년 총선에서 중대선거구 논의가 시작된 것 역시 마찬가지로 볼 수 있다.

당을 해산한 지 1년여 뒤 유럽식 비례대표제도 도입이 정치권에서 본격적으로 논의되기 시작했다. 2016년 총선에서 거대 3당 중 전체 정당 득표율이 3등이었던 더불어민주당이 가장 많은 의석을 차지했고, 이전에도 이와 비슷한 사례가 많았다.

결국 전체 국민의 의사를 정확히 반영해야 한다는 목소리가 커졌고, 그 방법은 득표와 연동된 비례대표제 도입 확대로 의견이 모아졌다. 어떤 방법으로 그것을 구현하는 가만 남은 상태였다.

거대 정당들 사이에서 실질적인 논의가 분주했고, 언론은 비례대표제 도입 시 각 정당의 의석수를 예상하기 바빴다. 가장 눈에 띄는 것은 소수 정당들의 창당이 봇물을 이루었다는 것이다. 무려 41개의 정당이 총선에 참여했고, 그중 비례대표만을 노리는 정당이 35개였다. 덕분에 투표용지 길이가 48센티미터를 넘겼다. 3%만 정당지지를 받아도 여의도에 입성할 수 있다는 꿈을 좇는 불나방마냥.

이러한 모습을 '정치 밖'에서 바라보는 필자의 심정은 매우 복잡했다. 고용복지연금당이 그토록 주창했던 정치개혁이 드디어 결실을 본다는 보람도 있고, 당을 해산하지 않았다면 고용복지연금당도 최소 1석 이상은 차지할 수 있지 않겠냐는 세속적 아쉬움도 있었음을 솔직하게 고백한다.

그러나 다시 창당하기란 너무 벅찼을 뿐만 아니라 자리 하나 차지하려는 뻔한 속셈으로 선거에 임하기에는 자존심이 허락하지 않았다. 그저 연동형 비례대표제가 잘 정착되길 국민의 한 사람으로 기대를 할 뿐이었다.

그렇지만 결론부터 말하면 혹시나 했더니 역시나였다.

비례대표제 확대를 위해서는 기존 300석 국회의원 수를 늘리거나, 기존 지역구 의석을 줄여 그만큼 비례대표에 할애해야 한다. 말은 쉽다. 우선 국회의원 수를 늘리는 것은 전 국민적 저항을 불러일으켰기에 논외로 했다. 그러면 지역구 축소 문제만 남았다. 그러나 경상도와 전라도에서 정당 깃발만 꽂아도 당선되는 이 달콤한 유혹을 그들은 떨칠 수 없었다.

책임 있는 정당들이라면 국민들에게 호소해서 의석수를 늘리거나 그게 아니면 자신을 희생(지역구 축소)했어야 하는데 예의 그렇듯 그들이 정치 발전보다 기득권을 수호했다. 전체 300석을 유지하고, 그중 비례대표 47석으로 요리하려니 될 리 없다. 10인분 식재료로 20인분을 만들 순 없다.

기득권 정치인들의 만행

첫 단추부터 단단히 잘못 낀 것이다. 그래서 어거지로 만든 게 '준연동형비례대표제'였다. 연동형비례대표제를 도입하기까지 과도기를 거치자는 의미이지만, 자신들은 티끌도 손해 보지 않으려는 속내였다.

그 셈법이 매우 복잡한데 간단히 말하면 기존 거대 정당에게 유리했던 비례대표 배분 방식을 소수 정당에게 유리하게 적용하기로 했다.

좋다, 과도기로 치고 이후 사회적 합의를 거쳐 차기 총선에 적용하면 이 또한 정치 발전의 길이어서 아쉽지만 이해하려 했다. 그러나 곧이어 한국 정치사에서 가장 부끄러운 사건으로 기록될 만큼 경악할 만한 만행이 일어난다.

최대한 양보를 한 선거법이었지만 여와 야는 합의를 보지 못했다.

중앙선거관리위원회 준연동형비례대표제 홍보물

거대 여당과 일부 소수 정당만의 합의만으로 국회에서 밀어붙여 통과시키자, 야당에서 소위 위성정당을 창당한 것이다. 자유한국당은 이 위성정당을 만들기 위해 당명까지 '미래통합당'으로 바꾸고, 비례대표 정당을 '미래한국당'으로 명명한 후 '미래형제당'으로 대국민 선전을 실시했다.

이에 질세라 여당도 가만히 있지 않았다. 자신들이 소수 정당들과 합의한 틀을 깨면서 더불어민주당은 '더불어시민당'을 만들고 이도 모자라 '열린민주당'도 등장시켰다. 이 거대 여야 정당들은 자신들 명의로 비례대표 후보를 내지 않았다. 각 위성정당에게 표를 몰아주기 위해서였다.

정치학에서 '위성정당'은 일당제 국가에서 정권을 잡은 수권 정당 외에 다당제의 구색을 맞추기 위해 존재하는 명목상의 정당이다. 노동당 일당 독재인 북한에서 조선사회민주당이 대표적인 예이고, 공산권 국가에서는 예외 없이 위성정당을 두고 있다. 이 파시스트들이 하는 짓거리를 대한민국 거대 정당들이 하고 있는 것이었다.

하긴 대의를 팽개치고 자신들의 권력을 유지하거나 확대하려는 행태는 파시스트와 다를 바가 없었다. 학계와 NGO에서 비난이 솟구쳤지만 여야는 서로를 탓하기 바빴다. 결국 그렇게 위성정당을 끼고 21대

국회의원 선거를 치렀다. 결과는 어땠을까?

　더불어민주당 지역구 163석, 위성정당인 더불어시민당 17석, 열린민주당 3석 등 300석 가운데 183석이라는 유례없는 거대 여당이 탄생했다. 미래통합당도 지역에서 84석, 미래한국당 19석으로 103석을 차지, 여권이 유리한 정국에서 나름 선방했다. 반면 준연동형비례대표로 가장 많은 혜택이 예상되었던 정의당은 이전과 같은 6석(비례대표 5석)에 그쳤다. 중도를 표방한 국민의당도 비례대표 3석이 전부였다.

　앞서 말한 비례대표를 바라던 수십 개의 소수 정당 중 여의도에 입석한 정당은 단 한 개도 없었다. 어느 정도 예상했지만 '준연동형비례대표제'의 탈을 쓰고 승자독식이 오히려 더욱 강화된 것이다.

　이 퇴행적 결과에 정치권을 향해 비난이 쏟아졌지만, 필자는 유권자들도 그로부터 자유롭지 않다고 생각한다. 위성정당이라는 해괴망측한 정당의 존재를 알고 있으면서도 오로지 자기가 싫어하는 당의 진출을 막기 위해 신성한 한 표에 얼룩을 묻힌 것이다.

　국민 수준이 정치 수준을 결정한다는 명제는 틀리지 않았다. 허황된 공약에 쏠리고, 지독한 지역이기주의에 매몰되고, 대중문화에서 비롯된 팬덤에 사로잡혔고, 상대방 정당에 대한 증오가 겹겹이 쌓여 신성한

한 표를 포기했다. 누가 누구를 욕하랴.

이러한 판에 미루어 짐작컨대 고용복지연금선진화연대가 뛰어들었어도 실패했을 게 뻔했다. "승자독식 기성정치를 바꾸자"라는 외침은 더욱 큰 좌절로 와닿았을 것이다. 그래서 참여 안 한 게 다행이라고 해야 하나 자위하며 쓴웃음을 짓는다. 21대 총선은 대한민국 정치사에 치욕적 사건으로 기록될 것이다. 전진과 후퇴의 반복이 인간의 역사이긴 하지만, 이 좋은 기회를 날린 상처는 치유할 수 없을 만큼 깊을 것이다.

그럼에도 불구하고 우리는 다음 선거에 희망을 걸지 않을 수 없다. 22대 국회의원 선거에 다시금 희망을 건다. 제발 혹시나가 역시나로 끝나지 않길….

한국 정치에 스며든 팬덤

팬덤(Fandom)의 사전적 뜻은 팬들의 집단이다. '팬'이라는 단어에서 알 수 있는 주로 대중 스타인 가수, 배우, 스포츠 선수 등이 팬덤을 보유하고 있다. 우리나라에서 팬덤이 처음 등장한 것은 1980년대 '조용필'의 '오빠부대'라고 말한다.

이 팬덤의 특징은 자신들이 좋아하는 대상을 성공시키기 위해 자발적으로 노력하며, 만약 그 대상이 실수나 잘못을 저질러 비난받을 경우 스스로 방어막을 자처하기도 한다. 이런 행위를 인터넷에서는 "쉴드(shield) 쳐 준다"라고 말한다. 무조건적인 사랑이다.

사실 대중 스타들에게 팬덤은 양날의 칼이다. 인기를 먹고 사는 그들로서는 자신을 좋아하는 집단이 확실하기에 든든하다. 그러나 이 팬덤은 타인에게 매우 배타적이라는 속성을 가지고 있다. 오로지 나만의 스타이기에 다른 스타를 경쟁 상대로 인식함으로써 공격적인 모습을 띠기 쉽다. 그로 인해 사회적 문제가 발생했을 때에는 오로지 대상이 책임을 져야 한다.

이렇게 대중문화 스타에게 국한했던 팬덤의 대상이 정치인이라면 어떻게 될까? 정치는 구성원의 갈등을 조정하여 통합하는 인류 최고의 발명품이다. 따라서 배타적 속성을 지닌 팬덤은 정치와는 전혀 어울리지 않는다. 그러나 정치인도 대중 스타와 같이 팬덤을 소중한 자산으로 여긴다. 심지어 일부 정치인들은 '팬덤 정치'를 통해 자신의 정치적 지위를 더욱 공고히 한다.

대한민국에서 정치인 팬덤이 등장한 것은 2000년이었다. 당시 노무현을 사랑하는 모임, 즉 '노사모'가 결성됨으로써 국내 최초의 정치인

지지단체를 표방했다. 이들은 한 표 행사하는 단순 지지에 머무르지 않고 자발적 선거운동원이 되었다. 자신의 시간과 비용을 아낌없이 투자해서 마침내 결실을 볼 수 있었다. 주변의 사람들은 그들을 "노무현에게 빠진 사람", '노빠'라 불렀다. 그리고 2009년 5월 노빠들은 노무현 비극적 최후라는 신화적 요소가 덧대어 더욱 견고한 팬덤을 형성했고, 그중 일부는 노무현 후계자인 문재인 대통령으로 향했다. 그리하여 '문빠'가 탄생했다.

보수층도 이에 자극받아 팬덤을 형성하기 시작했다. 그 첫 번째 주자는 박근혜를 사랑하는 모임 '박사모'이다. 2004년 결성되어 대통령 당선을 위해 노사모 못지않게 열정적으로 뛰었다. 첫 번째 한나라당 대선 후보 경선에서 탈락했지만, 5년 뒤에는 대통령을 만든 일등공신이 되었다. 박사모의 영향력은 대단해서 같은 당 소속 많은 국회의원들이 '친박'을 대놓고 자처했다.

노사모와 박사모 이후 정치인 팬덤은 더 이상 낯설지 않다. 이들은 과거 유세장에서 이름을 외치며 박수치는 것에 그치지 않고, 출판기념회를 비롯한 후원에 적극적이고 선거철에는 물 만난 물고기처럼 대상의 당선을 위해 헌신한다. 정치인에게 막강한 후원 그룹이 있다는 것은 대중 스타와 마찬가지로 소중한 자산이 아닐 수 없다. 이러니 정치인들은 팬덤을 가지길 원한다. 유력한 정치인일수록 팬덤의 규모는 크다. 뒤에서 얘기하겠지만 한국 정치 제도에 PAC(정치활동위원회)가 도 입된다면 팬덤의 활동이 제도화될 수도 있다.

정치 팬덤의 위험성

그렇지만 정치에서의 팬덤은 대중문화에서의 팬덤과 달리 사회적 영향력이, 그것도 부정적 영향력을 행사하기 쉽다는 점에서 경계하지 않을 수 없다. 히틀러의 유겐트, 마오쩌둥의 홍위병, 그리고 총을 차고 미국 국회의사당을 점거한 트럼프 지지자들은 팬덤의 극단적 사례이 긴 하지만 정치인의 입장에 따라 반사회 세력으로 발화할 가능성은 언 제든지 있다.

박사모는 한 경남 지역구에서 친박 의원을 공천하지 않자 자신들의 이념과 대립되는 좌파정당 후보를 지지했으며, 노사모와 문빠는 집권 하는 기간 동안 일체의 비판을 허용하지 않는 아집을 보여 주어 결국 정권이 심판 받았다.

팬덤은 자신이 지지하는 정치인에 대한 비난을 단 하나도 허용하지 않는다. 반면에 타인, 특히 경쟁 관계에 있는 상대방에게는 묻지도 따 지지도 않고 비난하기 바쁘다. 사회 통합의 요람이 되어야 할 정치권에서 분열이 판치니 아이러니가 아닐 수 없다.

혹자는 흑백논리와 진영논리에 빠진다고 지적하지만 필자가 보기에는 논리 자체가 성립하지 않는다. 오로지 평가 기준의 잣대는 단 한 사람이다. 그가 흑에 서면 흑이고 백에 서면 백이며, 왼쪽에 가면 왼쪽으로 오른쪽에 가면 오른쪽으로 우르르 이동한다.

팬덤을 구성하는 팬 개개인도 문제이지만 이를 이용하려는, 즉 팬덤 정치를 하는 정치인들은 특히 더 위험하다. 무슨 짓을 해도 후원하고 방어막을 쳐 줄 든든한 군대가 있기에 국민에 대한 두려움을 잊는다. 정치활동을 대충하면 그나마 다행, 사익을 추구하기 위해 팬덤을 이용한다. 당선은 물론이고, 재산 축적의 훌륭한 수단이다. 형사처벌을 받기 전 교묘하게 또 왜곡해서 팬들에게 호소하면 감형 또는 무죄를 이끌어내기 쉽다. 그 과정에서 발생하는 사회 혼란은 아랑곳없다.

그러나 팬덤이 영원히 지속될 수 없기에 정치인들은 이들을 '관리'해야 한다. 무기는 많다. 팬덤이 좋아하는 특정 사안과 지역에 예산을 편성하면 금상첨화이다. 가려운데 긁어 주는 정책을 펼치고 대신 말해 주는 것만으로도 성공할 수 있다.

보수 꼴통과 빨갱이 등 날 선 단어들이 판치고, 노인과 청년, 경상도

대 전라도, 남성 대 여성, 이성애와 동성애, 비장애인과 장애인 등 전통적 혹은 새로운 대립구도를 만들면 팬덤은 환호한다. 특히 사회관계망에서는 총만 안 들었지 매일 매일이 전투이다. 늑대 이빨처럼 헐뜯다가 진실이 밝혀지면 사라진다. 자신이 내뱉었던 말에 책임지지 않는다.

따라서 팬덤 정치는 이성적 토론을 요구하지 않는다. 대의민주주의도 필요 없기에 전형적인 표퓰리즘이다. 대한민국은 팬덤 정치가 피어나기 좋은 토양이다. 남과 북이 대치하고, 선진국이 돼 가지만 계층 간 빈부격차가 심하다. 지역주의는 고질적이고 세대 차이와 젠더 갈등은 이제 시작했다.

화합과 통합을 하려는 정치인은 줄어들고 팬덤 정치로 자신의 안위를 추구하는 정치인들은 점점 증가하고 있다. 대통령선거 같은 국가 중대사에서도 점점 팬덤의 그늘이 짙어진다. 걱정이다. 어이 할꼬.

선출제도 선진화
정치개혁의 시점

독일은 비례 혼합 선출제도로 의원을 선출한다.
(독일연방 의회 Bundestag, 베를린)

미군정이 가져온 승자독식 선거제도

21대 국회의원까지 배출해 낸 한국의 선거제도는 해방 후 미소의 신탁통치 찬반이 요란했던 1948년 봄 미군정이 결정한 제도가 바탕이다. 군사정권과 민주화를 거치면서 몇 차례의 선거제도 변화가 있었지만 단순다수제 승자독식 1인 선거구제도의 기초는 변치 않았다.

70여 년째 시행되고 있는 미국식 선거제도(FTPT)의 개혁이 절실하다. 이미 2015년 초 중앙선거관리위원회가 정치관계법개정안을 내놨고 학계, 시민사회, 원외정당협의회를 비롯해 정치계에서조차 그 바람이 일어나고 있다.

선거제도에서 FPTP(1인 다수결 선거)로 불리는 선출제도는 국제사회에서 점점 외면받는 선거제도이다. 기득권을 양산하고 부패와 지방

토호세력과 결탁, 계산될 수 없는 특권이 쌓이고 더 나아가서는 양당체제 고착화로 4년 또는 8년의 정권 되돌림으로 보복과 민생이 고달프다.

프랑스 정치학자 뒤베르제(Duverge)는 1인 선거구제는 양당체제로 간다는 뒤베르제 법칙을 발표했다. 변치 않는 법칙으로 검증되고 있다. 우리에게 익숙한 이름의 콜롬비아대학 제프리 삭스(Jeffrey Sachs) 교수는 미국의 선거제도는 다수결주의로 1인 선거구제도에 문제가 있다고 주장한다. 제일 많은 표를 받은 후보가 선출되는 제도로 선거에 진 정당은 의원을 배출하지 못하며, 양당제도를 고착화시키며 소규모 정당을 짓밟아 버리는 선거제도라고 혹평하고 있다. 미국도 양당제에 대한 비판이 점점 높아지고 있다.

대표적으로 현재 미국 대선에서 계속 말썽이 되고 있는 미국의 대통령선거제도를 예로 든다. 우리와 매우 다른 것은 주마다 선거인단을 별로도 선출하고 유권자 득표를 더 얻은 쪽이 그 주의 선거인단을 싹쓸이한다는 것이다. 즉 선거인단(Electoral College)이라는 각 주의 대표들을 얼마나 더 많이 획득했느냐에 따라 당선이 결정된다.

트럼프와 힐러리가 나왔던 미국 대선에서 힐러리 후보는 300만 표에 가까운 미국민 지지표를 더 얻었어도 대통령에 당선되지 못했다. 선거인단 확보에서 실패했기 때문이다. 미국 선거는 우리로서는 이해하기 어렵다.

미국 건국 주요 인물들이 당시 헌법을 제정하면서 얼마나 국민을 못 믿었는지 한 번 더 '거름 장치'를 만든 것이 선거인단제도. 오죽하면 지금까지 720여 차례에 이르는 선거인단제도 폐지를 시도했지만 번번이 실패했다.

미 대통령선거 역사상 투표에서 이기고도 대통령에 못 오른 후보는 힐러리를 비롯해 3명이 있다. 그러나 이번 선거만큼 엄청난 국민지지를 받고도 대통령에 선출되지 못한 미국 선거제도의 앞날은 매우 험난할 것으로 예상된다.

FPTP 승자독식 단일선거제도에서 당선자는 가장 많은 표를 얻은 후보가 되지만 반드시 절대 다수의 지지를 얻지는 못한다. 사표가 많이 발생하고 국민 의사를 반영치 못하기 때문이다.

따라서 1948년 미군정이 만든 한국 선거제도 역시 전체 후보자 군에서 단 한 표라도 더 얻은 후보가 당선된다. 그러니 심하면 전체 유권자 투표수의 20~30%도 못 얻은 후보가 당선될 수 있다는 이론이 나오며 실제 그런 경우가 많다. 20~30% 당선자를 낸 지역구는 70~80%의 사표를 냈으며 결국은 70~80% 주민이 당선 후보를 지지하지 않는다는 의미다. 다시 강조해 말하지만 FPTP 시스템은 선거구에서 표를 제일 많이 얻은 후보자가 당선되는 가장 단순한 선출제도이다.

영국, 캐나다, 인도, 미국이 이 제도를 사용하고 있다. 캐나다는 이 제도의 불합리성을 놓고 오랫동안 제도 변화를 고심하고 있으며 젊은 투르도 총리는 PR(비례대표선출제도) 임기 중 도입을 공언한 바가 있다.

캐나다에서는 이 승자독식(FPTP) 선거제도에 대한 논쟁이 오랫동안 제기되어 왔다. 양당제를 패러디화한 '쥐들의 나라' 원조가 캐나다이다. 쥐들의 나라는 캐나다 신민주당의 대표였던 타미 더글라스 의원에 의해 승자독식의 의회 독재를 쥐와 고양이를 통해 정치 패러디화한 스토리이다.

더 나쁜 것은 승자독식 선출제도는 선거구 경계의 구역을 권력을 쥔 쪽이 어떻게든지 유리하게 선출 지역 경계를 그려낼 수 있다는 단점을 갖고 있다. 모든 선거구 경계는 정치적 계산이 따라 결정된다. 미국이 정치 후진국에서나 볼 수 있는 게더맨더링이 난무하는 까닭이다.

2016년 총선에서 새누리, 민주 양당은 짬짜미해서 비례대표 7석을 없애고 인구가 줄어든 농촌 지역의 의석을 채워 주었다. 정치적 또는 기타 고려 사항과 상관없이 단일 '정답'을 산출하는 기술적 절차가 없었다. 이렇게 게리맨더링을 하거나 또는 의원 정수의 불균형에 의해 정당, 또는 자신의 선거구 경계를 조작하는 유혹과 압력을 정치인들은 늘 노린다. 21대 총선에서 벌어진 위성정당 사태나 22대 총선에서 논의 중인 중대선거구제도도 각 당의 유불리에 따라 결정 또는 유보될 것이다.

2016년 20대 국회에서 양당이 벌인 추악한 농촌 지역 7석 증석이 바로 그런 예다. 헌재가 판결한 인구 조정 같은 주문은 국회라는 상상할 수 없는 힘을 가진 조직이 '제 떡이 줄어드는 걸' 도저히 용납할 수 없었던 것이다. 국민들은 그저 보고만 있었다.

더 큰 문제는 국민들은 뭐가 뭔지도 몰랐고, 이런 사태는 앞으로도 지속될 것이라는데 국민 의식과 정치인 의식에 큰 변화가 일어나야 할 것이다.

선거제도 세계 추세

세계 199개국의 선거제도를 보면 크게 두 가닥으로 잡아 볼 수 있다. FPTP로 불리는 (다수제, Majority) 영미식 선거제도와 EU 및 기타 OECD 국가들이 사용하는 비례대표(PR)제도이다.

EU 및 OECD 선거제도 및 인구비례 의원 수

나라명	의회선출 제도	형태	의원 정수	인구 수	의원대표 인구 수
오스트리아	정당명부 비례대표	비례대표	183(61)	840만 명	45,900명
벨기에	정당명부 비례대표	비례대표	150(60)	1,120만 명	74,660명
불가리아	정당명부 비례대표	비례대표	240	720만 명	30,000명
키프로스	정당명부 비례대표	비례대표	56	110만 명	19,640명
체코	정당명부 비례대표	비례대표	200(81)	1,050만 명	52,500명
덴마크	정당명부 비례대표	비례대표	179	560만 명	31,300명
에스토니아	정당명부 비례대표	비례대표	101	120만 명	11,880명
핀란드	정당명부 비례대표	비례대표	200	540만 명	27,000명
프랑스	소선거구제	다수제	577(348)	6,500만 명	112,650명
독일	혼합비례 대표	혼합비례 대표	630(±)	8,000만 명	126,980명
그리스	정당명부 비례대표	비례대표	300	1,100만 명	36,660명
헝가리	혼합비례 대표	혼합비례 대표	199	980만 명	49,240명
아일랜드	단기이양 투표제도	비례대표	158(60)	470만 명	29,740명
이탈리아	정당명부 비례대표	비례대표	630(315)	6,000만 명	95,240명

라트비아	정당명부 비례대표	비례대표	100	200만 명	20,000명
리투아니아	지역, 비례 병렬	혼합비례 대표	141	290만 명	20,570명
룩셈브루크	정당명부 비례대표	비례대표	60	55만 명	9,160명
몰타	단기이양 투표제도	비례대표	65	42만 명	6,460명
네덜란드	정당명부 비례대표	비례대표	150	1,700만 명	113,330명
폴란드	정당명부 비례대표	비례대표	460(100)	3,800만 명	82,600명
포르투갈	정당명부 비례대표	비례대표	230	1,040만 명	45,210명
루마니아	정당명부 비례대표	비례대표	345(137)	1,900만 명	55,070명
슬로바키아	정당명부 비례대표	비례대표	150	540만 명	36,000명
슬로베니아	정당명부 비례대표	비례대표	90	206만 명	22,890명
스페인	정당명부 비례대표	비례대표	350(266)	4,600만 명	131,430명
스웨덴	정당명부 비례대표	비례대표	349	980만 명	28,080명
영국	다수제	다수제	649(797)	6,500만 명	100,150명
크로아티아	정당명부 비례대표	비례대표	151	420만 명	27,810명
마케도니아	정당명부 비례대표	비례대표	120	210만 명	17,500명

노르웨이	정당명부 비례대표	비례대표	169	520만 명	30,770명
스위스	정당명부 비례대표	비례대표	200(46)	810만 명	40,500명
터키	정당명부 비례대표	비례대표	550	8,000만 명	145,450명
호주	선택투표제	다수제	150(76)	2,300만 명	153,330명
캐나다	다수제	다수제	338(105)	3,600만 명	106,500명
일본	지역, 비례 병렬	혼합비례 대표	475(242)	12,500만 명	263,150명
뉴질랜드	혼합비례 대표	혼합비례 대표	120	447만 명	37,250명
미국	다수제	다수제	435(100)	32,000만 명	735,630명
아이슬란드	정당명부 비례대표	비례대표	63	33만 명	5,238명

고용복지연금당

※ ( )안 숫자는 양원제 상원의원임
※ 이탈리아 상원의원 315석을 100석으로 줄이기로 했으나 원위치
※ 영국 상원은 종신제, 세습제이며 권한이 거의 없는 명예직임

비례대표제가 선진화하는 길

다수제(Majority)의 폐해를 선거 때마다 겪는 영국은 비례대표제(PR)로 전환하는 선거제도 개혁을 몇 차례 내놓는다. 그러나 선거에서 양대 정당인 보수나 노동당이 다시 집권당이 되면 논의를 중단해 비례대

표제(PR) 도입은 표류해 왔다.

2015년 2월 한국의 중앙선거관리위원회가 '지역구 200 : 비례대표 100'의 혁신적인 제도개선안을 제안했지만 여야 정치권은 지역구도 유지에 혈안이 돼 오히려 비례대표 7석을 없애는 짬짜미를 저질렀다.

영국의 정치권이 비례대표제 전환에 실패하고 있다면 같은 영어권의 뉴질랜드는 1990년대 중반 시민들에 의해 독일식 혼합형비례대표제(MMP)를 성공적으로 도입했다. 정치권이 아닌 시민들에 의한 선거제도개혁 운동이 성공한 예이다.

뉴질랜드에 이어 FPTP 다수제 선거제도에서 벗어나려는 노력은 캐나다에서도 불이 붙고 있다. 아버지 총리에 이어 캐나다 총리로 선출된 튀르도는 선거개혁 장관을 임명해 비례대표제(PR) 도입을 추진하고 있다.

필자는 '왜 잘사는 서구 선진 국가들은 민주주의가 번창하고 사회복지제도가 잘되어 있으며 하나같이 비례대표제 선거제도를 도입하고 있나'에 늘 의문을 갖고 있었다. 그리고 지난 네 차례에 걸쳐 20여 개국을 도는 장단기 유럽 정치탐방 투어에 나섰었다. 21대 국회는 위성정당 사태로 여기서는 논의치 않겠다.

유럽 정치탐방의 결론은 "이들 EU 및 OECD 국가들은 길게는 100년 전부터 비례대표선거제도를 운영해 왔으며 제도에 만족해한다"는 것이다.

47,000표 대 730,000표의 대표성

한국의 1인 선거구 다수결 투표는 유권자 대표성에서 형편없이 낮다. 20대 국회의원 선거에서 2만 표대로 당선된 의원이 9명이며, 3만 표대로 당선된 의원이 55명에 달한다. 지역구 253석 중 64석(25%), 즉 의원 4명 중 1명은 4만 표 이하로 당선됐다는 얘기다.

20대 총선 지역구 평균 득표수 47,000표에 한참 미달이며, 비례대표 당선 표 730,000표와는 천지 차이다. 20대 총선에서 비례대표 당선 정당 투표수는 73만 표를 넘게 받아야 한 명의 의원을 배출할 수 있었다.

20대 국회의원 2만 표대 당선 현황

지역구	당명	성명	성별	득표수
울산 남구 을	새누리	박맹우	남	29,838
광명시 갑	더불어 민주	백재현	남	29,312
안산시 상록구 을	더불어 민주	김철민	남	24,236

안산시 단원구 갑	새누리	김명연	남	27,313
안산시 단원구 을	새누리	박순자	여	24,891
군포시 갑	더불어 민주	김정우	남	25,687
아산시 을	더불어 민주	강훈식	남	28,472
당진시	더불어 민주	어기구	남	28,530
양산시 을	더불어 민주	서형수	남	26,829
총계				9명

고용복지연금당

국회의원 정수 확 늘려 일반직화하자

우리나라 의원 정수 문제는 EU 또는 OECD 비교 시 턱없이 적다. 국
회 의석을 줄이자는 국회무용론을 외치는 사람들은 미국 상하의원 수
를 예로 들지만 양당제가 토착화되고, 어느 나라에서도 볼 수 없는 독
특한 미국식 선거제도는 비교 대상이 아니다.

EU와 OECD 국가 평균 의석수를 보면 5천만 인구의 한국 국회의석
은 1,000석쯤 되어야 한다. 비례대표제 도입을 전제로 국민적 정치개
혁이 일어난다고 볼 때, 국회의원 정원을 500~600석으로 늘리고 초과
의석을 늘릴 수 있는 규정을 두어야 한다(독일식). 가령 현재 지역구
253:253 비례대표로 하거나(506석), 의석수 300:300 비례대표(600석)

로 늘리는 방안이다. (5:5 방안)

국회를 없애거나 국회 의석을 줄이자는 현재의 국민 정서를 생각할 때 현재의 의석 정원 300석을 150 : 150으로 조정할 수 있으면 가장 간단한 방법이다.

여하튼 의석을 늘려 국회의원 특권을 줄이자는 필자의 제안은 현실적으로 설득하기 어려운 것임은 틀림없다. 그러나 국회를 없애거나 정원을 100석이나 200석으로 줄이면 줄일수록 국회의 특권은 더욱 견고해지며 울타리는 철옹성으로 더 높아져 국민과는 더욱 멀어진다. 즉 의원 정수를 줄이면 줄일수록 기득권은 더욱 공고해진다.

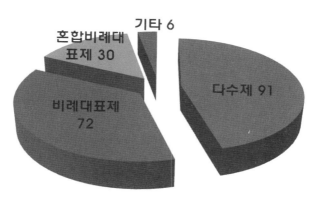

199개국 선거제도

기타 6

혼합비례대표제 30

비례대표제 72

다수제 91

고용복지연금당

정치를 멀리할수록 기득권은 좋아하며 가장 고약한 지배자에 의해 지배받게 된다는(쥐들의 나라) 것을 깨달아야 한다.

국민계몽이 뒤따라야 한다.
국민 수준 = 정치 수준

당시 C일보는 사설에서 의석수를 차라리 500~600석으로 늘려 의원의 특권을 줄이자 했고, 연세대 박명림 교수는 802석을, 정치, 정당 학회 학자들도 의석을 늘려야 한다는 데 일치하고 있다.

국회 의석 증설에 드는 비용은 예산 증액 없이 할 수 있다. 우선 현재 7억 원이 넘는 의원 1인 연간 세비를 절반 또는 그 아래로 내리면 된다. 또 기초의원 2,900명에 1인 평균 연 4~5천만 원씩 들어가는 구, 군 기초 의원제도 폐지로 약 1,300억 원에 달하는 국민 부담을 덜 수 있다.

국회의원 세비	7억 원+α	1/2 또는 그 아래	의원 정수 조정 혼합비례대표제 도입
기초의원 세비	4천만 원+α	기초의원제 폐지	명예 · 무보수직

의원직이 힘들고 보수가 낮아지고 자나 깨나 국민 복리를 위해 일해야 된다는 직업으로 되어 가야 한다. 우리 사회도 의원직이 성공한 사람들이 택하는 황금의 길이라는 사회풍조가 깨지고, 힘들어 못 하겠다

고 중간에 그만두는 사회현상이 일어나야 한다.

원외정당이 차별받는 선거판

2016년 4월 실시된 20대 총선에서 고용복지연금당은 3명의 후보를 냈다. 비례대표 1명, 지역구에서 2명이었다. 법으로 허용된 선거비용의 반도 못 써 본 열악한 환경의 선거였다. 그러나 열심히들 뛰었고 전국에서 골고루 득표하는 좋은 성과를 냈다.

그러나 선거기간 내내 받는 서러움은 견디기 어려웠다. 그렇다고 그 대상에게 일일이 따지고 항의할 그런 마음의 여유나 시간이 없었다. 그렇게 초짜 정당의 총선 시도는 끝났다. 선거지원단 해단식을 하면서 모두 잊기로 했다. 그러나 이제 출판원고를 준비하면서 기억을 더듬으니 지난 선거 때 겪은 경험이 여기저기서 살아난다.

원외정당이 받는 편파적 경험은 정치판이라는 온갖 술수가 날뛰는 그런 세상에서 처음 겪는 초짜 정당인이라 더욱 충격적일 수밖에 없었다.

선거를 관리하는 중앙선거관리위원회 산하에는 각 시도 선거관리위원회가 설치되어 있고 기초단체 지역에까지 밀접하게 선거관리위원회가 설치되어 있다. 선거본부가 차려지고 선거 운동이 시작되니 선관위 직원의 방문이 빈번해진다. 공문서 한 장을 전달하기 위해 두세 명의 직원이 방문한다. 선거에 관계된 모든 행위는 "하지 마라" 위주로 알아들으면 된다고 할 정도로 하라는 것은 별로 없다는 기억이다.

선거법은 이현령비현령이다. "걸면 걸립니다." 안면 있는 선관위 고위 간부의 걱정 어린 충고다.

헌재 결정에 따른 선거제도개혁안을 국회에 보내놓고 눈치나 보다 끝난 중앙선거관리위원회이다. 독립성도 잊었고 약자에 강한 전형적

원외정당의 언론 소외는 어제 오늘의 일이 아니다

갑이다. 김밥을 손으로 먹으면 괜찮고 젓가락으로 먹으면 음식 제공이된다나…. 선거 운동하는 방법에서도 피켓을 들고 있으면 괜찮고 땅에내리면 안 된다….

언론은 원외정당에 대해 전혀 관심 없다. 10대 언론사 편집국장을 어렵게 약속해 다 만나 봤지만 한 줄의 기사라도 나간 일 없다. 시간을 내주고 얘기를 들어 준 것이나마 고마워해야 할까….

4대 언론사를 선정해 매일 1인 시위를 벌였다. 선거운동이 전부가 아니었다. 안면 있는 언론사 논설위원을 출근길에 붙잡고 현실을 설명한적도 두어 번 있었다. 그러나 그뿐, 정당도 몇 개 없던 2016년도 총선에서 겪은 원외정당의 서러움이다. 이게 대한민국 원외정당 현실이다.

차별적 기존 정당 선거지원금 없애야

선거는 돈 잔치다. 아무리 좋은 정책을 내놔도 유권자가 그 정당이나후보를 모른다면 많이 들어본 정당에 투표할 것이 뻔하다. 정책이나후보를 알리려면 홍보에 모든 것을 퍼부어야 한다. 결국은 돈이다. 물론 한국 국회의원 선거보다 더 치열하다는 뉴욕한인회장 선거를 치러본 경험이 있어 한국 선거와는 비교할 일이 아니지만.

2016년 4월 13일 치러진 20대 총선에서 3,270억 원의 선거비용이 들었다고 중앙선거관리위원회는 발표했다. 나랏돈 3,270억 원은 우리가 낸 세금이다. 투표용지가 6,700만 장, 선거벽보 32만 장, 선거관리인력 34만 명. 모두가 선거 한 번 치르는 데 든 국가 비용이었다. 여기에 각 후보들이 사용한 비용을 포함한다면 상상을 초월한 돈이 들었을 것이다. 이는 대선, 총선, 지선의 3대 선거를 한 번에 치르자는 필자 주장의 근거 중 하나이다.

　각 정당은 자신들이 만든 선거 홍보지를 선관위를 통해서 전국 2,200만 가구에 발송할 수 있다. 발송 날짜 전 각 당 각 후보의 홍보물을 제작해 선관위에 보내야 한다. 2,200만 개의 홍보전단을 제대로 만드는 데 32억 원의 견적이 나온다. 그냥 한 장의 양면 인쇄된 홍보지를 제작하는 데에도 4억 원이 든다. 그러니 선거지원금을 1원도 못 받는 원외정당은 필요한 지역에만 선거 홍보물을 제작해 그 지역에만 배포하게 된다. 돈과의 싸움이다.

　선거 유인물이 든 두툼한 우편물이 전국 가정에 도착하기 시작하면서 몇 통의 전화를 받았다. 왜 고용복지연금당은 홍보전단이 없냐는 질문이다. 설명이 길어져 그냥 웃으면서 "없어, 없는 게 당연한 거야"라고 답하면 원외정당이라고 차별받은 줄 알고 항의하겠다고 야단이다.

선거 유인물은 선거에 참여한 정당이 비용을 들여 제작한 후 선관위로 보내면 선관위에서 전국 가정으로 발송한다. 여기서 정당 간 차별 행위가 나온다. 4.13선거에서 새누리당과 더민주당은 백수십억 원씩 선거지원금을 받았다. 심지어 급조해 만들어진 국민의당도 70여억 원을 지원 받았다.

출발선에 들어선 모든 당의 후보는 같은 입장이 되어야 한다. 즉 모든 후보들은 유권자인 국민의 심판을 받기 위해 발가벗고 출발선에 올라서는 것이다. 공평해야 한다. 그런데 어떤 후보는 기득권이 받는 혜택으로 무장하고 나서고, 그렇지 않은 후보는 맨발로 출발선에 올라서는 셈이다. 세금으로 주는 기성 기득권 정당에 수백억 원씩 나가는 선거비 지원제도 이제는 없애야 한다. 고용·복지연금선진화연대는 이런 불합리한 선거지원금 제도를 고쳐 보고자 헌법소원을 냈었다. 결과는 기각이었다.

헌 법 재 판 소

제3지정재판부

결   정

사 건		2017헌마241 정치자금법 제27조 위헌확인
청 구 인		고용복지연금선진화연대
		대표자 주명룡
		서울 광진구 아차산로 589, 4층 (광장동)
결 정 일		2017. 3. 28.

주   문

이 사건 심판청구를 각하한다.

이   유

1. 사건개요

원외정당인 청구인은 국회에 의석을 가진 원내정당을 중심으로 보조금을 배분하

도록 한 정치자금법 제27조로 인하여 헌법 제8조 제3항에 근거한 정당 운영에 필요

한 자금에 관한 국가의 보호를 받을 권리를 침해받았다고 주장하면서, 2017. 3. 13. 그

위헌확인을 구하는 이 사건 헌법소원심판을 청구하였다.

2. 심판대상

2016년 4월 총선에서 당시 새누리당은 163억+, 더민주당은 140억+,
국민의당은 73억+ 국고 지원을 받았으나 원외정당은 1원도 지원받지 못했다.

헌 법 재 판 소

제3지정재판부

결   정

사 건		2017헌사264 국선대리인선임신청
		(2017헌마241 정치자금법 제27조 위헌확인)
신 청 인		고용복지연금선진화연대
		대표자 주명룡
		서울 광진구 아차산로 589, 4층(광장동)
결 정 일		2017. 3. 28.

주   문

신청인의 신청을 기각한다.

이   유

이 사건 신청은 헌법재판소법 제70조 제3항 단서에 해당하는 것으로 인정되므로
주문과 같이 결정한다.

재판장 재판관   조용호   조   용   호

선거지원금 제도 위헌 의견에 대한
헌법재판소 결정문

한국의
미래정치모델
혼합비례대표제

덴마크 인구 570만, 의원 179명, 전원 비례대표로 선출한다. 인구 32,000명
당 한 명이 선출된다. (덴마크 의회 Folketinget, 크리스티안스보로궁)

기성정치에 돌풍 일으킨 해외 원외정당들

　이탈리아 기성정치의 부패와 썩은 정치에 대항하기 위해 '5성운동'(M5S : 공공 수도, 지속 가능한 이동성, 개발, 접속 가능성, 생태주의)을 일으킨 베페 그릴로는 유명 코미디언이자 블로거이다. 기성정치가 만들어온 사회 지배계층과 이념으로 이탈리아 사회가 분열해 가는 것에 항의해 사회운동을 지펴가며 이를 정당으로 변화시켰다. 베페 그릴로는 광장에서 특유의 코믹하고 날카로운 비평을 통해 기존 정치에 대항했다.

　"정치는 경력이 아니다."
　"정치는 국민을 위해 일하는 임시 서비스직이다."
　"두 번 선출된 정치인은 더 이상 출마할 수 없다."
　"범죄기록이 있는 사람은 정치에 나설 수 없다."

등을 주장하며 환경, 경제, 인터넷 5성운동을 전개하며 이탈리아 유권자를 사로잡았다. 표현하기 차마 곤란한 Vaffanculo Day(점잖게 표현하면 '썩 꺼져 날')를 개최해 시민들의 마음을 후련하게 해 주었다. 2013년 총선에서 26%에 이른 득표를 얻어 109석, 2018년 총선에선 32%의 지지를 얻어 의석의 1/3을 차지하는 정당으로 성장했다. 2009년 설립된 정당으로 베페 그릴로는 이탈리아 정치의 신화를 만들어 냈다.

PODEMOS는 짧은 역사를 가진 스페인 정당이다. 영어로 'We Can'. "우리는 할 수 있어"라는 명칭이다. 정치학자 출신 포블로 이글레시아에 의해 2014년 창당했다. 그의 매력은 젊고 깔끔하게 말하며 기억에 남는 문구를 청중에게 던질 줄 안다. 미국 오바마 대통령의 연설을 복사한 듯 그의 메시지는 스페인 청년이나 노년층을 사로잡는다.

PODEMOS는 돈도 없고 후원자도 없는 정당으로 출발했다. 새로운 것을 찾는 국민에게 이제 옛 방식의 기성정치를 바꿔야 한다고 주장한다.

마드리드 광장에 PODEMOS의 집회가 열리는 날은 축제 그 자체이다. 영화 〈고스트버스터〉의 주제곡이 울려 퍼지면서 시작되는 집회는 "We Can"의 노래로 이어진다. 이글레시아가 등장하면서 폭포수 같은 연설을 쏟아낸다. 이 40대 당대표의 연설에 시민들은 열광했고 기존의 엘리트 계층까지 끌어들이는 이변을 만들며 그들을 투표소로 이끈다.

PODEMOS는 좌파정당이다. 2019년 총선에서 35석을 차지하여 집권정당인 사회주의노동자당과 연정해 이글레시아가 부수상으로 들어갔고, 당에서는 3개의 장관 자리를 차지했다. 이는 정당 설립 후 처음 치러진 2016년 총선에서 21.5%를 얻었던 좌파정당이 12.8%로 국민 지지가 떨어졌고, 반면 우파정당 Vox가 24석에서 52석으로 늘어난 선거 결과는 스페인 유권자들이 무엇을 원하는지 보여 주고 있다.

이스라엘 연금당 라피 이탄 대표와의 면담(2015)

이스라엘의 연금당은 한때 7석을 차지하는 유권자 지지를 받았다. 가까스로 승리한 집권당과 연정하여 당 대표인 라피 이탄은 행정부에 연금부를 설치하고 장관으로 취임한다. 라피 이탄은 2015년 필자와 만났는데 그때 나이 83세로 정치를 접고 개인사업을 하고 있었다. 그는 이스라엘 정당제도에 대해 자세히 설명해 주며 이스라엘 의회 방청을 안내하며 같이 방청하기도 했다. 스페인 PODEMOS의 이글레시아 대표나 이스라엘 연금당의 라피 이탄은 지금도 내가 그리는 신생 정당의 롤 모델이다.

연금당은 창당 대표인 라피 이탄이 떠나면서 의석을 한 개도 얻지 못하는 원외정당으로 추락했다. 2021년 봄에 타계한 라피 이탄은 이스라엘군 장군 출신으로 정보기관(모사드)를 이끌었고 인생의 황혼기까지 조국을 사랑한 영웅이었다.

정치는 끊임없이 변한다는 사실을 여러 나라의 사례를 보면서 우리는 배워야 한다.

독일 혼합비례대표제

예전부터 독일식 지역 비례대표 선출제도는 대한민국 정치학자들 사이에 선호도가 매우 높다. 독일 국민 18세 이상이 유권자가 되며 총선은 4년마다 실시된다. 유권자는 두 번의 투표를 통해 지역의원과 정당이 내놓은 비례 의원에 투표한다.

독일식 선거제도는 복잡하다. 독일연방의회 폴 리터리드 가족노년여성 상임위원장 면담

필자도 독일형 혼합비례대표제가 미래 우리나라 선출제도로 채택되기를 원하고 있다. 유권자들의 정치적 반영을 가장 투명하게 나타낼 수 있는 제도라는 개인적인 평가이다. 이 선거제도에 매력을 느껴 매력 없는 도시 베를린을 두 차례나 방문해 선출제도를 탐구했다.

독일식 비례대표 원리는 간결하나 이해하기는 좀 복잡하다. 현지 독일인들도 설명하기 어려워한다. 1949년 연합군에 의해 제정된 선거제도가 2009년 위헌이라는 판결을 받으면서 60년 만에 바뀐 공정한 선거제도라고 평가받고 있다.

대한민국 중앙선거관리위원회가 내놓은 권역별 비례대표제도 제안도 그런 맥락에서 나온 것으로 생각한다. 높은 비례성으로 현행 선거제도의 대안으로 평가받고 있다. 이는 헌법개정특별위원회에서 위원들이 가장 선호하는 제도로 알려져 있다. (국회입법조사처)

독일 연방하원의원 선출제도는 1인 2표 방식으로 유권자는 2표 중 1표는 지역구 후보, 다른 1표는 정당에 투표한다. 여기까지는 우리와 같지만, 당선자 결정이 매우 다르다. 지역선거구와 비례대표선거의 당선인 결정을 연동하는 방식이다. 정당이 얻은 득표율로 전체 의원 총수를 결정하고 당선인은 지역구 의원과 비례대표 의원의 순으로 채운다.

예를 들어 설명하면 다음과 같다. 가, 나, 다 당이 선거에 나서서 각 당의 정당 득표율이 가당 50%, 나당 46%, 다당은 문턱을 넘지 못해 탈락했다고 보자. 쉬운 이해를 위해 전체 의석수가 가령 96석이라 하면, 가와 나 두 당이 50:46으로 나누게 된다. 가당이 50석, 나당이 46석, 다당은 0석이다.

여기에 가당이 지역구에서 30석을 얻었다면 나머지 20석은 비례대표 후보 명단에서 순서대로 배분한다. 가당이 지역구에서 52석을 얻었다면 이 경우는 모두 인정이 되고 비례대표에서는 한 석도 추가되지 않는다. 이런 이유로 독일 의회 최종의석은 기본의원 정수 598석보다 늘어나는 경우가 많다. 2013년 선거에서 33석이 늘어나 631명의 의석을

갖고 있고, 670석에 이른 경우도 있다. (Overhang Mandates, 국회입법조사처)

독일은 299개 지역 선거구가 있다. 앞서 말한 대로 독일 연방하원의원 선거에서 유권자는 2표의 권리를 갖고 지역의원 1명, 좋아하는 정당에 1표를 던진다. 투표 집계가 끝나면 지역 당선자, 지역 정당의 의석 배분을 알 수 있다. 독일은 5% 득표 문턱 제도를 가지고 있어 3%인 우리보다 정당 의석을 내기는 어렵다. 그러나 예외 규정을 두고 있어 신규 정당이나 새로운 편입지역에 국회 진입문을 열어 두고 있다.

앞에서도 얘기한 'Overhang' 의원 배분 규정으로 인해 독일 국회 의석은 일정하지 않다. 299개 지역구에 299개의 정당 당선자로 끝나질 않는다. 현재 독일 의회는 631명에 이르고 있으며 800명이 넘을 수도 있다.

선거가 끝나면 의원회관에 새로 늘어난 의원들의 방을 만드느라 분주하다. 한국 총선에서 독일식 Overhang 제도가 도입된다면 위성정당을 만들지 않고도 각 정당의 의석 지분을 공평히 나눌 수 있다고 본다. 그러나 300명 의석 제한을 두고 있는 한 이 선출제도 도입은 상당히 어려울 것이다.

독일 혼합비례대표제가 세계에서 공정하고 제일 좋은 선거제도라는 이유는 사표 없이 유권자가 자기 의사를 지역, 정당 선택에서 혼합해 살아 있는 표를 던질 수 있기 때문이다.

그러나 필자에게 경험해 본 선출제도에서 제일 좋은 선거제도가 어느 나라 제도냐고 묻는다면 네덜란드식 정당명부 비례대표제라고 말하고 싶다.

뉴질랜드 비례대표제 개혁과정

우리나라에서 독일식 혼합비례대표제 도입을 주장하려고 하면 뉴질랜드가 모범 답안이다. 뉴질랜드 선거개혁연대(ERC)는 1986년 결성됐다. 운동 과정에서 연대의 이름은 'Campaign for MMP' 즉 '혼합비례제 도입 캠페인'으로 바꿨으며 2011년 총선도입을 목표로 구성했다.

1986년 6월 '선거개혁연대'(ERC) 결성 시 연대의 최대 목표는 1987년 3월 실시될 선거에서 혼합비례대표제 도입에 관한 국민투표를 붙이는 일이었다. 다행스럽게도 뉴질랜드 정부는 선거제도 개혁에 대한 강한 의욕을 갖고 선거제도 개혁에 관한 보고서를 내놓고 있었다.

뉴질랜드 정부 보고서는 승자독식 FPTP에서 MMP 혼합비례대표제 도입 국민투표를 권고하고 있었다. 그런 시대적 요구는 이미 많은 단체 및 정당들이 선거제도 개혁을 요구하고 있었기 때문이기도 했다. 여성 선거제도 로비, 무역노조, 공공근로노조, 국민당, 노동당, 녹색당, 신용사회통합당 등의 압력이 있었다.

1987년에는 오스트레일리아 '비례대표제도입' 운동 대표 존 타플린을 초청해 뉴질랜드 사회에 비례대표 도입의 국민적 파장을 불러오기도 했다. 그러나 정치적 의향이 다른 총리가 바뀌면서 비례대표제는 뉴질랜드에서 사형선고를 받는 듯했다.

그런 연유로 선거개혁연대는 국민투표 도입에 관한 국민적 지지를 받기 위한 집중적 노력을 했다. 운동의 힘을 받은 뉴질랜드 양당 대표는 총선 전 국민투표 도입을 약속했다. 양당 대표 중 하나인 짐 볼거가 총리가 되면서 뉴질랜드 정부는 비례대표제 도입에 관한 법적 구속력 없는 국민투표를 붙이기로 했다.

법적 구속력 없는 국민투표는 1992년 9월 19일 지방선거와 동시에 실시했다. 혼합비례대표제 도입에 관한 국민투표는 선거제도개혁에 뉴질랜드 국민 84%가 변화를 원했다. 그리고 혼합형 비례대표제 도입에 70%가 지지했다. 정부는 법적 구속력 없는 국민투표에도 불구하고

1993년 총선에서 1956년부터 실시해 온 현행 선거제도 개혁을 묻는 법적 구속력 있는 국민투표를 실시키로 결정했다. 이 국민투표는 1993년 총선에서 동시에 실시했다.

선거개혁연대는 국민투표에 방향을 맞춰 전 국민적 운동을 전개해 나갔다. 혼합비례대표제 도입에 반대하는 그룹도 생겨났다. 특히 CBG 그룹은 도입 반대 운동에 113만 달러를 사용했다. 선거개혁연대는 단지 18만 달러를 사용했을 뿐이다. 국민투표에서 선거개혁연대는 혼합비례대표제 도입에 53.4%의 국민적 지지를 얻었다.

이로써 뉴질랜드는 이전의 승자독식(FPTP) 제도를 버리고 혼합비례대표제(MMP)로 선거제도를 바꿨다. 혼합비례대표제도 선출은 2표로 국회의원을 선출한다. 첫 투표지는 선거구의 후보자를, 다른 투표지는 정당 순위를 정하는 투표이다. 한국의 선거제도는 조금만 바꾸면 가장 민의를 대변하는 제도로 다가갈 수 있다.

뉴질랜드에 혼합비례대표제 도입 후 실시된 2008년 조사에서 뉴질랜드 국민 53%가 제도에 찬성했다. 뉴질랜드 선거개혁연대는 지방선거제도에서도 성공적인 제도 개혁을 달성해 냈다. (Campaign for MMP)

비례대표제를 갈망하는 캐나다

캐나다 저스틴 트뤼도 총리는 후보 시절 2015년 6월 선거 연설에서 당선되면 승자독식(FPTP) 선거제도 개혁을 선언했다. 트뤼도 후보는 지지층을 끌어내는 후보 연설에서 승자독식에 의한 선거로 캐나다 국민의 39%만 지지받는 정당이 나라를 이끌고 있다며, 캐나다는 '당파의 수렁'에 빠져 허우적대는 꼴이라고 비난했다. 젊은 트뤼도는 아버지에 이어 캐나다 총리에 당선됐다.

캐나다 국민의 선출제도 개혁은 이 지겨운 승자독식 제도에서 벗어나 국민의 뜻이 잘 반영되는 비례대표제로 전환을 요구해 왔다. 많은 NGO들이 선거개혁 운동을 벌이고 있고 이들은 비례대표제를 통해 'Made in Canada 선거제도'를 만들자고 바람을 일으키고 있다. 책 서두에서 소개한 타미 더글라스의 '쥐들의 나라'도 승자독식에서 벗어나려는 캐나다 국민의 의식과 같은 맥락이다.

이들은 "공정한 투표는 비례대표제이다"라는 슬로건을 걸고 UN의 국제 민주주의 날과 같이해 캐나다 민주주의 날을 선포해 왔다. 승자독식 선거제도를 유지해 온 전직 총리들을 독재자라고 부르며 오타와 시에 있는 총리공관을 "독재자의 집"이라고 부르고 있다.

뉴질랜드에 이어 선거제도 개혁을 통해 비례대표제로 나갈 국가는 캐나다로 주목되고 있다. 승자독식 선거제도를 고수하고 있는 미국의 바로 옆 나라다. 그러나 아직도 선거제도 개혁을 못하고 있는 캐나다를 볼 때 기성정치의 벽이 얼마나 높은가를 실감할 수 있다.

의석 많을수록 사회 갈등 줄어든다

대한민국 국민 대부분이 국회의원 숫자를 줄이자는 의견이다. 현 300석을 100석으로 줄이고 의원들이 받는 특권도 확 줄이자고 한다.

그런데 우리가 모르는 게 있다. 의원 수를 줄이면 줄일수록 의회 권력은 더욱 막강해진다. 국회권력은 의원 수에서 나오는 것이 아니기 때문이다. 예를 들어 의원 수를 100명이 아니라 2명으로 줄였다고 해보자. 그 두 명 의원의 권력은 용산보다 더 강해질 것이다. 둘이서 어떤 법이고 만들면서 세상을 자기 둘 세상으로 만들 것이다. 의원 수가 문제가 아니다. 그 직업을 일반직화해서 나라를 위해 일하고 싶은 사람은 일할 수 있게 하는 것이다.

필자가 유럽을 돌면서 덴마크 의회에 들렀을 때 한국의 KBS가 덴마크 의원을 취재해 서울에서 뉴스로 방영되고 있었다. 자전거로 출퇴근

하는 의원의 모습을 인터뷰했다. 유럽에서 흔한 일이다.

덴마크의 수도 코펜하겐시는 자전거의 도시다. 인터뷰의 핵심은 자전거 출퇴근이 아니라 덴마크 국회의원의 일상적인 업무를 보여 주고 있다. 국회의원은 더 이상 특권층이 아니다.

우리나라 인구 대비 의석수를 OECD 국가와 비교하면 인구 16만 명당 1명으로 단원제 채택국가 평균 6만 2천 명에 비해 3배가량이다. 우리나라 국회의석수가 800석은 되어야 한다.

분명한 것은 의회가 커지고 의원이 많아지면 투표율도 높아지고 사회 갈등 비용이 낮아진다는 게 OECD 관련 지표에서 알 수 있다. 대표성이 클수록 그리고 비례대표제를 많이 채택할수록 갈등지수가 낮아진다. (박명림 연세대학교 정치외교학과 교수)

승자독식 선거제도에서 우리나라는 득표율 3분의 1에서 대통령이 선출되고 4분의 1에서 국회의원이 선출되는 악순환을 되풀이해 왔다. 비례대표 확대로 사표를 줄이고 표의 등가성을 높여 국회를 키워 나가야 할 것이다.

네덜란드 비례대표제

네덜란드 선출제도는 간편하고 예측 가능한 선거제도로 독일식보다 훨씬 좋다고 필자는 주장한다. 그러면서도 독일식 선출제도를 선호해야 하는 이유는 네덜란드식 비례대표선거가 아무리 좋은 제도라 하더라도 우리나라 국회의원들이 지역구를 없애면서 100% 전국단위 비례대표제를 절대 택하지 않을 것이기 때문이다.

네덜란드 총선은 총투표 참여자 수를 의석수로 나눠 정당의 의석수를 결정한다. 정말 간단한 수학이다. 지난 네덜란드 총선 투표 참여자는 1200만 명, 의석수는 150석이다. 1200만 표를 의석수로 나누면 8만 표가 나온다. 8만 표에 의석 한 명이 배정된다. 명쾌하고 간단하며 사표가 거의 없다.

네덜란드는 1917년부터 100년째 이 제도를 운영하고 있으며, 필자가 수도 헤이그에서 만난 Bakker 선거관리위원회 사무총장은 정치권이나 국민이 만족해한다고 말했다.

그러나 말한 대로 여의도 정치권이 이런 제도에 응할 리가 없다. 아무리 제도가 좋다 해도 자기 밥그릇을 포기하는 일은 절대 없을 것이다. 법 제정을 하는 사람들이 현역의원들이니 어느 누가 자기 지역구를 스스로 포기하려 할까?

필자는 네덜란드 선거제도가 가장 이상적이라고 생각한다.
네덜란드 은퇴협 50+ 국회의원 행크 크롤 의원

그나마 합리적인 방법은 기존 기득권을 유지시켜 주면서 비례대표
제를 도입하자고 해야 하는 안타까움이 있다. 지금도 현역 국회의원
중에는 비례대표제를 폐지하자는 구호를 자신의 홈페이지에 버젓이
올려놓고 있는 시대착오적인 의원이 존재하는 여의도 국회이다.

네덜란드형이 제일 좋지만 현재 여의도 추세로는 절대 불가다. 뉴질
랜드도 택했고 캐나다도 만지작거리는 독일식 혼합비례대표제가 그나
마 우리가 택할 길이다. 중앙선거관리위원회도 그 필요성을 절실히 느

껴 개정안을 내놨었다. 2020년 총선에서 연동형 비례대표제가 도입됐지만 누더기가 되었고 이 제도는 다시 한번 정비작업을 해야 할 것이다.

서로 다른 정치적 이해관계 때문에 개혁을 미룬다면 비용은 더 들게 마련이고 사회발전은 늦어지게 마련이다. 기득권이 변화에 저항해도 언젠가는 변화를 받아들일 수밖에 없다. 이것이 지금 변해 가는 세계적 추세다.

승자독식(FPTP)과 비례대표(PR) 선출제도

지구상에 존재하는 국가의 선출제도는 복잡하며 그 방법도 비슷하면서 또 다르다. 여기서는 승자독식(FPTP) 선출 방식과 비례대표(PR) 제도를 살펴봄으로써 왜 고용복지연금당이나 필자가 독일식 혼합선출제도로 가자고 주장하는지 설명하고자 한다.

앞에서도 얘기했지만 비례대표제도는 우리 사회가 선진화하는 길이다. 비례대표제에 대한 추한 정치적 경험이 우리를 누르고 있지만, 왜 서구 선진국 국가들이 100년이 넘어가면서도 이 제도를 유지하는지 깨달아야 한다. 독일, 스웨덴, 네덜란드, 덴마크 등 이런 나라들이 어떤 나라들인가? 왜 비례대표제를 택하고 있는가? 국민이 깨고 정치권이

크로아티아 연금당(HSU) 대표 실바노 후렐라.
크로아티아 연금당은 151의석 중 4석을 갖고 있다.

바꿔야 한다.

비례대표제는 각 정당이 획득한 득표수에 해당하는 의석을 각 정당에 배분하는 선거제도이다. 물론 득표 문턱이 있어서 그 문턱을 넘어서야 한다. 우리나라는 정당이 선거 참여 유권자 3% 이상을 얻어야 원내 진입 의원을 배출할 수 있다.

비례대표제는 양당제에서 흔히 보는 여야가 유리한 승자독식 FPTP 선출제도보다 소수 원외정당에게 어느 정도의 원내 진입 가능한 선거제도이다. 또 비례대표제의 특징은 유권자가 다양한 경력의 대표자를 선출할 수 있게 해 준다.

정당이 40%의 표를 얻는다면 이는 약 40%의 의석 배분으로 의회에 들어가야 하고 10%의 유권자 표 획득을 했다면 10%의 의석을 얻어야 한다는 것이 비례대표제다. 정당의 투표 몫과 의석의 비율 사이의 일치는 모든 비례대표선거 참여자들이 희망하는 것이다.

비례대표선출제도에 대한 가장 강력한 논거는 이 선출제도가 승자독식(FPTP)의 비정상적인 결과를 피하고 유권자의 의견을 보다 잘 반영할 수 있는 국회의원을 선출할 수 있다는 방식에서 파생된다. 비례대표선출제도는 장점이 더 많은 선출제도로 추천받고 있다.

첫째, 낭비되는 사표가 거의 없다. 문턱이 낮을 때, 비례대표제 선거에서 거의 모든 유권자 투표가 선택 후보자를 선출하는 데 주저 없이 채택될 수 있다. 선거 당일 투표소로 향할 가치가 있다는 유권자의 인식을 높이고 원외정당 후보라도 괜찮은 정책과 인물이라면 그 정당은 표를 많이 받을 수 있다.

둘째, 소수정당의 의회 진출을 용이하게 한다. 득표 문턱이 지나치게 높지 않거나 선거구 규모가 비정상적으로 낮지 않으면, 투표율이 적은 정당이 의석을 얻을 수 있다. 이것은 분열된 사회의 안정에 결정적인 영향을 미칠 수 있으며, 의사결정기구에서 소수 정책 전문 정당의 균형 잡힌 표현을 달성하고 선출된 대표자로서 모델을 제공하는 등 확립된

민주주의 국가에서의 의사결정에 이점을 제공할 수 있다. 현재 한국의 정당투표는 인기가 적은 지역에서 나온 표라도 집계되어 정당의 총 득표수로 보태진다는 좋은 점도 있다.

셋째, 지방 토호 세력의 압력이나 로비 등 끈끈한 관계를 제한한다. 지역 출신 의원이 아니기 때문에 이해관계가 발생하지 않는다. 비례대표는 정당에서 유망 인물을 순서대로 나열해 정하기 때문에 지역 사회와는 연관성이 없다. 진정 국민과 국가발전을 위해 이해관계 없이 일할 수 있다.

넷째, 더 큰 연속성과 정책의 안정성으로 이어진다. 서유럽의 경험에 따르면 정부의 수명, 유권자 참여 및 경제적 성과 면에서 의회 비례대표 선출제도는 점수가 더 좋다고 한다. 이 주장의 근거는 승자독식(FPTP) 제도에서 일어날 수 있는 것처럼 두 이념적으로 양극화된 정당 간에 정권을 교대해 잡으면서 그때마다 정부가 개편됨으로 장기적인 경제 계획을 더욱 어렵게 만들고 있는 반면 비례대표제는 연대 연합정부가 의사결정 과정에서 국가 발전의 안정성과 일관성을 확보하는 데 도움이 된다는 점이다.

하지만 비례대표제의 문제점도 없는 것은 아니다. 반대파들 특히 기존 지역구를 철옹성처럼 지키고 있는 기성세력들은 혼합비례대표제

도입을 절대 반대할 것이다. 이 제도 자체에 대한 대부분의 비판은 연합정부 출범과 분열된 당 체제를 창출하는 경향을 기반으로 해 혼란해진다고 얘기한다.

이는 의원을 배출해 낸 소수의 원외정당들이 연대협상에서 더 큰 정당을 제약할 수 있게 할 가능성이 있다. 현재 이태리, 스페인, 이스라엘 등의 정국 혼란은 연정에 의한 다당연합체들의 규합이 어렵기 때문이다. 이런 점에서 비례대표제도의 포괄성은 제도의 단점으로 지적된다.

대규모 정당은 훨씬 적은 규모의 정당을 가진 연합체를 형성하도록 강제될 수 있으며, 소수 정당의 지지를 얻은 정당에게 더 큰 정당에서 오는 제안을 거부할 권한을 부여한다. 연동형 비례대표제 도입과정에서 이념으로 쪼개진 소수정당이 여당을 물고 들어가는 현상은 한국 정치가 예고편처럼 보여 준 미래 혼합비례대표제 정치 현상을 보여 준 한 모습이기도 하다. 다당제 출현이 비례대표제라는 국민선출에 의해 이뤄진 것이 아닌 진영, 이념, 지방색에 의해 쪼개지고 있기 때문이다.

비례대표제는 두 가지 형태가 있다. 혼합비례대표제와 비례대표제도다.

혼합비례대표제도는 지역구 선출과 비례대표 선출 투표 결과가 서로 연계되어 의석 배정이 정당 투표결과를 갖고 지역구 선출 의석에서 일어나는 불균형을 보상하는 제도다. 비례대표제는 지역구 선출과 비례대표 선출의 두 개의 선출제도가 분리되어 별개이며 좌석 할당을 위해 서로 의존하지 않는 시스템이다. 서구 유럽 국가는 거의 이 제도를 채택해 운용하고 있다.

혼합비례대표제(MMP)는 지역구 의석 결과로 인한 불균형을 보완하기 위해 정당이 얻은 비례대표 의석을 지역구에 넘겨주는 방식이다. 예를 들어 한 정당이 전국적으로 투표율 10%를 얻었지만 지역선출 의석이 없다면 비례대표제도에서 충분한 의석을 얻어 입법부 의석의 10%까지 가져올 수 있다. 유권자들은 혼합비례대표제에서 지역 후보 선택과 정당, 두 가지 선택을 할 수 있다.

요한 가트너 독일 공화당 총재를 만나
양당 간의 교류를 통한 정책보유와 공동 활동에 대한 협의를 가졌다.

혼합비례대표제도는 완벽한 비례 결과를 산출하기 위해 설계되었지만 단일 지역구 결과의 불균형이 너무 커서 정당명부제가 이를 완전히 보상할 수 없는 경우가 발생할 수 있다.

비례대표제 선거구가 국가적 차원이 아니라 지역 차원이나 지방 차원에서 정의될 때 더욱 그렇다. 당은 한 지역 또는 주에서 다수당 다수 표를 얻을 수 있다. 이를 처리하기 위해 입법부의 규모가 약간 증가하지만 비례성을 충족시킬 수 있다. (추가의석 Overhang Mandates 또는 Uberhangsmandaten) 독일 대부분의 선거에서 발생했으며 독일 혼합비례대표제를 택한 뉴질랜드에서도 일어날 수 있다. 결국 혼합비례대표제도는 비례대표제의 비례성 혜택을 유지하지만 선출된 대표자가 지리적 구역과 연결되도록 한다.

그러나 유권자들이 지역구 1표, 정당 1표를 갖고 투표에 참여함으로써 얻는(정당과 해당 지역 대표자를 위한 투표) 입법부의 전체 투표수를 결정할 때 당선자 투표에 대한 투표가 당 투표보다 덜 중요하다는 것이 항상 이해되는 것은 아니다.

총투표수를 의석으로 변환할 때 혼합비례대표제는 순전히 비례대표제도과 같은 선거 시스템과 비례할 수 있으며 앞서 언급한 비례대표제도의 장점과 단점 중 상당 부분을 공유한다고 볼 수 있다.

정치개혁

선거에 이기고자 득표만을 생각하는 표퓰리스트들은 표퓰리즘을 양산한다.
선거 후유증은 고스란히 국민에게 되돌아간다. 표퓰리즘 근절은 국민의식이
깨어야 한다. 세상에 공짜 점심은 없다.
필자는 영어의 포퓰리즘(populism)을 '표퓰리즘'으로 표기해서 표(pyo)의
가치를 인식토록 하고 있다.

대선 총선 지선 한날에 묶어 실시하자

미국의 승자독식 선거제도는 인기가 없는 제도지만 선거 날짜를 정해 모든 선거를 한날에 치르게 한 제도는 본받아야 할 일이다.

미국은 매년 11월 첫 번째 화요일을 선거일로 정하고 있다. 대통령, 연방, 주, 시, 타운 선거 등이 있으면 공통적으로 월요일이 지난 11월 둘째 화요일을 투표일로 정하고 있다.

투표일은 지정되어 있어도 공식 휴일은 아니다. 직장에 다니더라도 요령껏 투표하고 출근해야 한다. 미국인의 투표 참여율은 "여기가 민주주의 국가인가?" 할 정도로 낮다. OECD 회원국 중 낮은 축에 속한다. 한국이 75.8%, 네덜란드 74.6%, 독일 71.5%인데 미국은 53.6%다.

같은 영어권인 영국도 선거 날을 정해 놓고 있다. 5월 첫 번째 목요일을 선거일로 정해 선거를 치른다. 선거를 일요일에 치르는 유럽 국가도 많은데 원거리에서 교회나 시장을 보러 나오는 시골 지역에서 투표율을 높이기 위한 방법이라고 한다.

때만 되면 정치권은 개헌을 논의하고 있다. 개헌이 대통령 권력을 어떻게 분산시키느냐에 관심이 많은 것 같은데 소모적인 선거전과 비용 등을 생각한다면 개헌 패키지에 이런 것들이 포함되어야 한다고 필자는 주장한다.

독일식 혼합비례대표제를 채택해 거론해 주는 것도 선거법 개정에 힘을 실어 주리라 본다. 임기 단축 대통령이 나와 선거일을 정해 대선, 총선을 한 번에 치르게 한다면 얼마나 편리하고 엄청난 돈과 시간을 절약할 수 있을까 기대해 본다.

기초의원 2,898명 비임금 전문자원봉사제로

기초의원이라 불리는 구·군의원은 1991년 지방자치제 부활로 지방의회 선거가 실시되면서 시작됐다.

처음 시작은 제대로였다. 임금이 없는 봉사체제로 자리 잡아 갔기 때문이다. 그러나 말 타면 종 두고 싶다고 기초의회 곳곳에서 재정지원 얘기가 나오기 시작했고, 국민 반대가 높은 가운데 도입 15년 후인 2006년부터 유급제가 돼 버렸다. 이제 보좌관도 요구하고 있다. 지구상에서 기초의원제를 두고 있는 국가도 드물지만 기초의원을 국고로 월급을 주면서 유지하는 곳도 거의 없다.

고용복지연금당 조사에 의하면 우리나라에는 2,898명(2022년 현재 2,927명)의 기초의원이 있다. 이들이 받는 급료는 지역 간 차이가 있는데 특히 도시와 농촌의 임금 차이는 뚜렷하다. 전국 기초의원 평균 연봉을 4~5천만 원으로 계산하면 대략 1,300억 원의 국고가 들어가고 있다.

노무현 정부 때 필자는 행자부에 미국의 지방자치구조에 관해 설명해 달라는 부탁을 받고 두 차례 회의에 참석한 적이 있다. 그리고 총리실 연락으로 담당 관리들과 만나 필자가 갖고 있는 경험과 지식을 전달했다.

그런 연유에서였는지 17대 국회는 특별시, 광역시 기초의회 폐지를 합의했었다. 국민에게는 참으로 반가운 뉴스였다. 그러나 정권이 바뀌면서 이명박 정부는 유야무야 기초의회에 대한 아무런 대책 없이 유지해 나갔다. 이 조치는 박근혜 정부도 마찬가지로 지금에 이르고 있다.

필자는 미국 거주 시 뉴욕시 정부 기구인 맨해튼 '커뮤니티보드' 위원을 두 차례 지냈다. 유급이 아닌 순 자원봉사제 지역위원이다. 의결권은 없지만 하는 일은 우리나라 기초의회 비슷한 역할을 한다. (위원과 의원은 다르다고 필자는 생각한다.)

뉴욕시는 5구로 나눠져 있다. Borough로 불리며 맨해튼, 퀸즈, 더 브롱스, 브루클린, 스태튼 아일랜드로 구성된다. 인구 900만 명의 뉴욕시에는 59개 커뮤니티보드가 설치되어 있고 커뮤니티보드마다 위원을 두고 있다. 이런 전문자원봉사자가 뉴욕시를 감싸고 지역 사회를 돌보고 있는 것이다. 회의는 월 2~3회씩 개최되며 수당은커녕 식사 제공도 없어 각자 먹을 것과 마실 것을 싸 가지고 온다.

뉴욕 커뮤니티보드 회의 모습. 주민들이 대거 참여해 경청하고 있다.

내가 속한 뉴욕시 맨해튼 커뮤니티보드는 미드타운 지역을 담당하고 있었다. 월가에 있는 구청 부속건물을 쓰면 좋으련만 회의는 늘 저녁에 개최됨으로 편리성을 위해 28가에 있는 FIT대학 강당을 빌려 쓰곤 했다. (FIT는 한국 학생들이 많이 다니는 패션스쿨이다.)

기초의회 전원을 자원봉사로 돌리는 것은 당연한 일이다. 애초 출범이 그랬고 하는 일이 지역의회의 보조역할이며 이런 기구를 두고 국고를 낭비할 일이 아니다.

이 글을 쓰면서 행자부 담당과에 문의해 봤다. 헌법 118조 1항에 의해 실시됐으며 이미 그렇게 제도가 운영되고 있어 자원봉사제로 돌아가기에는 어렵지 않겠느냐는 답변을 들었다.

내친김에 미국의 다른 대도시들의 위원제도를 살펴보자. 로스앤젤레스시도 커뮤니티액션보드를 갖고 있다. 무보수이며 인구 400만 명의 도시에 15명의 위원을 두고 있다. (참고로 로스앤젤레스 메트로폴리탄 인구는 1,400만 명. 같은 예로 뉴욕 메트로폴리탄 인구는 2,100만 명에 이른다.) 미국에서 세 번째 인구를 보유하고 있는 인구 300만 명의 시카고도 50명의 무보수 지역위원을 두고 있다.

한인들의 미국 이민 역사에서 자랑거리인 연방하원의원 출신 김창

준 의원은 로스앤젤레스시 인근 다이아몬드 바 시의원과 시장을 지냈다. 다이아몬드 바는 인구 57,000명 정도의 부촌 타운으로 김창준 의원은 연방하원의원의 꿈을 키워 나갔다. 지난 일이지만 김창준 의원이 처음 연방하원의원에 도전할 때 뉴욕후원회를 조직해 도운 일이 있다.

정부는 기초의회 유급제를 폐지하고 전원 무보수 전문 봉사제로 돌려야 한다. 이미 폐지로 의견을 모은 전례가 있으므로 어렵지 않다고 본다. 빠르면 빠를수록 좋다. 잘못 키워 온 이 제도를 이제라도 정상으로 돌려서 국고 낭비를 줄이고 전문가 출신 시민들이 자원봉사로 참여하는 '위원제'로 운영해야 한다.

표퓰리즘은 정치인의 한탕 마술쇼다!

'표퓰리즘'은 표퓰리즘(populism)을 필자가 변형해 쓴 단어다. 'Populism'이라는 시사 영어를 'Pyo-pulism'으로 빗댄 것이다. 유권자를 현혹해 표를 받아내고자 하는 Populist들의 달콤한 정책이니 이것이 표퓰리즘이 아닌가 한다.

표퓰리즘은 시대의 변천에 따라 변해 왔다. 1948년 우리나라에 선출 제도가 도입되면서 소위 금전 선거에 의한 노골적인 유권자 접촉(막걸

소위 무상으로 불리는 표퓰리즘 정책들은 우리가 낸 세금으로 부담되는 것이다.
표퓰리즘의 전형이다.

리 제공, 고무신 제공, 금품 제공 등) 유형에서 정책에 의한 현대판 무
상복지 등의 표퓰리즘 선거가 득세하고 있다.

표퓰리즘은 대부분 유권자에게 사회적 혜택을 주겠다는 공약으로
표를 노린다. 그 사회적 혜택의 가치는 사회구성원의 삶의 형태에 따
라서 다르겠지만 이 또한 사회적 약자를 노린다. 이들이 바라는 혜택
종류는 필경 직접적 생활에 관계된 것으로 정책을 다루는 Populist들은
"뭐, 이런 정책이 있어?"라고 말도 되지 않은 정책을 내놔 대중을 현혹
시키려 든다.

문제는 이 표퓰리즘은 정책이 돈이 안 들고, 또 들더라도 Populist들이 자기 돈으로 한다면 얼마나 좋을까이다. 미안하게도 정치를 하겠다고 나서는 사람들은 낯도 두꺼워 자기 돈은 하나도 안 들이고 엄청난 헛공약을 남발한다. 현재 총선이나 대선에 나선 주자들의 공약을 살펴보면 얼마나 국민을 우습게 보는지 알 수 있다.

표퓰리즘의 근절은 결국 유권자인 국민 수준에 달려있다. 아무리 달콤한 표퓰리즘이라도 그 정책이 근거에 의해 해낼 수 있는 정책인지를 유권자인 국민이 판단해 선거에 임해야 한다.

"군복무 기간을 단축하겠다." 군 입대를 앞둔 청년과 현역, 그리고 그들 부모에게는 얼마나 달콤한 공약인가?

"20세가 되면 3천만 원씩 주겠다." "모든 국민에게 월 150만 원씩 주겠다." "청년들에게 월 50만 원씩 주겠다." 주머니 사정이 넉넉지 않은 청년들에게 이런 공약은 또한 얼마나 유혹적인가.

소위 무상으로 불리는 이런 정책들은 모두가 우리가 낸 세금으로 부담되는 것이다. 이런 정책을 내놓는 후보자들이 주머니에서 내는 돈으로 되는 것이 아니다.

'정부 돈'이라는 것은 없다. 이 모두가 국민이 낸 세금으로 운영된다. 정부 고위 관리가 타는 고급차에서부터 운전하는 공무원, 용산을 비롯한 행정부 사법부 입법부가 움직이는 모든 비용, 대한민국 정부 및 지방자치단체가 움직이는 데 드는 모든 비용이 국민 개개인이 내는 돈에서 비롯된다.

세종시 이전 10여 년이 지난 지금도 미완성 행정 중심으로 공무원들은 세종시-서울 노선 KTX나 고속버스에서 그 비싼 고급인력의 시간을 날리고 있다. 1일 평균 1000회에 이르는 출장에 7700만 원의 출장비를 낭비한다는 언론보도에 어안이 벙벙하다. 지난 정권들이 벌여 온 표퓰리즘 정책은 아무리 무지한 국민이라도 그 실패를 알아볼 수 있다. 그리고 그 무지한 피해는 고스란히 우리에게 되돌아온다.

선거가 다가오면 표퓰리즘은 이성을 잃고 경쟁적으로 유권자를 향해 던져진다. 오직 당선이라는 정치적 목적을 달성키 위해 나선 이들에게는 매니페스토나 S.M.A.R.T.에 의해 작성된 정책보다 유권자를 쉽게 현혹할 수 있는 "해 주겠다"는 무상 공약을 던진다. 표퓰리즘은 상대적이라 서로 더 강도 높은 정책을 내놓을수록 효과가 있다.

표퓰리즘에 익숙하거나 유혹에 빠지는 정치인의 특성은 평생을 직업정치인으로 살았다는 점이다. 그들은 기업 직장에서 또는 조그만 점포라도 운영해본 사회적 경험자들이 아니기 때문에 무책임하게 당장 표를 받기 위해 도저히 해 줄 수 없는 정책을 "해 주겠다" 한다. 자기 돈이 아니기 때문이다. 미안하지만 후보들 재산을 살펴보면 그럴 돈도 없다. 무능한 유권자들은 또 이에 속아 표를 던지고 4년, 5년 후회를 한다.

이들이 쉽게 던지는 정책들은 당연히 엄청난 예산이 들어간다. "그 재원은 어떻게?"라고 물으면 으레 긴축정책을 통해 증세를 안 하고도 해낼 수 있다고 번지르르하게 대답한다.

총선이나 대선, 심지어는 지역 지자체선거까지 앞두고 나오는 몇 가지 표퓰리즘 정책 예를 들어 보자. 지난 선거에서 전 국민 안식년제도를 공약으로 내건 예비 후보도 있었다. 간단히 말하면 10년 근로할 때 1년 쉬는 내용의 공약이다. 안식년에 지급될 임금에 드는 예산은 2~3년간 급여를 동결해 지급한다고 했다. 이 말인즉슨 자기 돈으로 휴가 가는 셈이다. 얼마나 좋은가? 현혹될 공약이다. 10년 근속은 어지간한 직장에 몸을 담은 30~40대는 꿈같은 이야기이다.

안식년제도는 대학에서 또는 종교계에서 실시하고 있는 제도다. 특히 교수는 6년 근속을 하면 1년 안식년을 갖는다. 휴식도 휴식이지만 지식 충전의 시기이기도 하다. 거슬러 올라가면 대학 강당에서 오랜

생활을 한 전 총리의 경험에서 나온 작품이 다른 후보 공약으로 제시해 반짝 주목을 끌었다.

전 국민 안식년제도는 약과다. 허무 공약도 세월이 가면서 용감하게 무한 발전한다. 20세가 되는 청년에게 3천만 원씩 주겠다 한다. 누구는 전 국민에게 매월 150만 원씩 지급한다고 한다. 도대체 돈은 어디서 나오는 것인지 조금이라도 의식 있는 국민이라면 분노할 공약이다.

〈Now You See Me〉라는 영화가 있다. 흥행이 크게 성공해서 2편까지 제작됐다. 한국에서는 '마술 사기단'이라는 이름으로 상영했다. 4명의 마술사들이 팀을 이뤄 몇 초 만에 파리은행의 비자금을 통째로 털어 관객들에게 뿌리는 매직 쇼를 연출한다. 눈앞에서 벌어지는 상상할 수 없는 쇼에 전 세계가 놀란다. 그렇지만 이런 것들은 시선 끌기뿐이다. 이 영화가 우리에게 주는 메시지는 화려한 쇼가 아니라 그 속에는 다른 무엇인가를 감추기 위한 수단이라는 것이다.

전 국민 안식년제도를 보도한 신문들의 댓글을 보자. 수백 개씩 달린 댓글의 99%는 비난, 조롱 일색이다. 그중 몇 개를 옮겨 본다. 낯 뜨거운 표현은 제외했는데, 칭찬 댓글은 거의 없다.

  - 한 달도 불가능할 걸….

- 이거 완전 반대요. 저거 실행한다면 공무원들만 혜택 볼 듯.

- 차라리 비정규직을 없앤다고 하지.

- 휴가나 제대로 쓰는 법안이나 만드시지 쯧.

- ㅎㅎ 정말이라면 너무 좋겠지만, 있는 육아휴직도 못 쓰는데 ㅠㅠ

- 공약이 박근혜 수준이네… 공기업 공무원 턱만 높아질 듯.

- 참 제목만 봐도 현실성 없는 공약 같습니다.

- 이구~~~~

- 차라리 유승민의 칼퇴근법이 더 실현성 있는 것 같은데.

- 북유럽은 저런 것 거의 없죠. 생활인이 정치도 해야 합니다.

- 우리나라에서 이런 정책은 국민 분열용입니다. 임시공휴일도 못 쓰는 사람이 수천인 나라에서 꿈같은 얘기라 봅니다.

- 휴식이 아니라 일자리가 필요하답니다.

- 놀고 자빠졌네…. 있는 휴가도 못쓰고 사는 게 현실이다.

지금은 사라졌지만 어떤 당은 군 전역수당 1천만 원을 내놨었다. 논산훈련소 입영 장병들 앞에서 정책 홍보를 한 모양이다. 한 해 전역하는 군인이 어림으로 10만 명이라 하면 1조가 든다. 물론 1조의 예산을 만들 방안은 내지 않았다.

이미 지난 정권이지만 문재인 후보의 일자리 정책은 공공부문 일자리 81만 개, 노동시간 단축으로 만드는 50만 개 등 131만 개를 만들겠다고 한다. 그런데 81만 개는 소방관, 경찰, 복지공무원 등 세금으로 만드는 일자리다. 평생 일하는 동안의 이들의 급료, 퇴직 후 지급해야 할 공무원 연금 등은 짐작하기조차 어려운 국민 세금으로 충당해야 한다. 툭하면 비교하는 OECD 수준으로 공공부문 인력을 늘릴 수 있다고 하나, 결국은 OECD 국가만큼 중세로 가야 한다는 사실을 말해야 한다. 즉, 그런 예산은 국민이 내는 혈세로 충당해야 한다는 것이다.

왜 어떻게 해서 유력한 후보군이 내는 정책들이 하나같이 "해 주겠다" 하는 세금으로 만드는 정책인가 하는 점이다. 왜 하나같이 비생산적인 내 세금이 들어가는 정책들만을 내놓는지 고민해야 한다. 그리고 이제 유권자인 국민은 정신 바짝 차리고 단발성 인기 정책에 더 이상 속지 말아야 할 것이다.

어리석은 유권자, 침묵이 금인가?

'국회의원 특권 내려놓기 추진위원회'라는 게 있다. 이름이 길지만 간단히 말해 기득권을 내려놓겠다는 얘기다. 20대 국회가 출범하면서 좀 떠들더니 오리무중이다. 당시 국회의장실에 전화해 알아봤다. 1차 활동 기간은 끝났고 논의된 법안을 발의 중이라 한다. 선출권을 가진 유권자인 국민은 또 속은 것이다.

기득권 정당들은 말 없는 유권자들을 좋아한다.
사진은 고용복지연금선진화연대 제14차 토론회

정치인이 제일 좋아하는 유권자는 말 없는 군중이다. 말이 없다 해서 의견이 없을 리는 없겠지만 침묵하는 사람들이다. 우리는 어려서 침묵은 금이라고 배웠다. 살아가면서 경험해 보니 침묵은 완전히 '바보' 취급받기 십상이라는 생각이 든다.

NBC 토크쇼의 기고가이며 작가인 리처드 생크맨은 어리석은 유권자의 특성을 5가지 특징으로 분류해 얘기한다. 완전한 무지·태만함·우둔함·근시안적 사고·멍청함이다. 잠깐 이 5가지를 하나씩 살펴보자.

완전한 무지형은 세상일에 관심이 없다. 무지, 아니 무식하다 할까.

뉴스도 안 보고 요즘 세상의 주요 관심사가 무엇인지도 모르고 하물며 정부가 무엇을 하고 있는지 모른다. 이런 유권자를 정치인은 좋아한다. 시장바닥 같은 데 한번 유세차 나갔다가 악수라도 한번 할 기회가 닿으면 그 유권자는 100% 자기를 지지할 것이기 때문이다.

태만하다. 그저 게으르다. 그 흔한 종편 뉴스조차 안 보고 안 듣고 세상일에 대한 믿을 만한 소식통을 찾는데 태만하다.

우둔하다. 우둔하면 고집이나 없어야 하는데 자신이 보고 싶은 것 믿고 싶은 것만 믿는 아집이 있다. 나이 든 세대들이 갖고 있는 고정사고 방식이 굳어져 타협이 안 되며 사실이 무엇이든 자기 주관이 전부다. 여기에 멍청함을 겸하게 되면 선동을 잘하는 정치인에게 쉽게 넘어가게 된다.

근시안적 사고방식을 가진 유권자는 당장 먹기는 곶감이 좋다는 식이다. 국가 미래야 어떻게 되었든 자신에게 조금이라도 이익이 되는 달콤한 정책이 나온다 하면 적극 지지한다. 표퓰리즘에 아주 쉽게 유혹돼 버린다.

유능한 유권자들은 최소한 세상이 어떻게 변해 가고 있는지 알려고 노력해야 한다. 신문, 방송, 인터넷을 통해 아주 손쉽게 출퇴근 시간을

"정치가 따로 없다. 내 한 표가 바로 정치"
유권자들은 내 한 표가 바로 정치임을 모른다. 한 표 한 표가 모여
대표자를 선출하는 결정적 역할을 생각하면 투표가 바로 정치다.

이용해서라도 알 수 있다. 최소한의 시민의 의무이며 현대 국가의 유
권자로서 기본 자질이 갖추어져야 한다고 본다.

  왜 A 정치인은 이런 말을 하고, B 정치인은 저런 말을 하는지 가려들
을 줄은 알아야 하며, 그렇지 않으면 지인을 통해서라도 분간할 수 있
는 노력을 해야 할 것이다.

  세상은 스스로 진화하지 않으며, 그 진화의 중심은 그 사회에 속한
사람들의 노력으로서 변화해 가는 것이다. 비속한 정치인이 세치 혀로
내뱉는 달콤한 속삭임을 구별할 수 있는 최소한의 수준이 되는 국민이

되어야 할 것이다. 정치를 외면한 가장 큰 대가는 자기보다 저질스런 인간들에게 지배당하는 것이다.

선거공약-Manifesto로 나와야

원래 '매니페스토(Manifesto)'는 항공사나 선박회사에서 사용하는 승객명단 또는 화물목록 송장 용어다. 일반 사회에서 잘 쓰이는 용어는 아니다. 국제선에서는 해당 항공기 내에 출발 전 송장, 매니페스토가 반드시 기내에 실려야 한다.

선거에 나서는 후보가 공약을 만들 때 여러 방법이 있겠지만 가장 초기 작업은 선언적인 매니페스토 나열 작업일 것이다. 즉 이러이러한 정책을 가지고 선거에 나선다. 펼치고 싶은 정책이 나왔다 하면 실행에 대한 실질적 작업이다. 이 부분에서 정직하지 못한 정책을 내놓는다 하면 바로 그것이 헛공약이 되는 것이다.

표퓰리스트들은 "우선 당선이 목표이니 과장된 정책이라도 내놓읍시다."라며 후보자를 설득할 것이다. 그리고 어리숙한 유권자를 홀리는 대표적인 헛공약들이 회견이나 홍보물을 통해 발표된다. 이러한 공약의 대표적인 예가 유권자에게 금전적으로 도움이 되는 사회 복지 성격의 무상정책이다. 그렇기 때문에 당선이 되어도 정책을 만들어 내는데 문제가 되며 "재정문제로" "경제가 어려워져서"라는 어물어물 변명하면서 언론과 국민 기억에서 잊혀 가길 바란다.

선거 정책 매니페스토는 'S.M.A.R.T'하게 정책을 만들어 나가야 한다. 그리고 유권자인 국민은 나열된 달콤한 정책들이 S.M.A.R.T하게 실행될 수 있는가를 따져야 한다. 그리고 투표소에 나가야 한다.

S : Specific한가?

M : Measurable한가?

A : Achievable한가?

R : Reliable한가?

T : Timeliness한가?

특히 실현가능성과 예산을 바탕으로 만들지 않은 선심성 공약은 공약을 제대로 이행할 수 없을 것이다. 그러한 당선자가 무리로 정책을 실행하려 하거나 변형된 정책을 끌고 가려 할 때 국가 재정상황 악화, 사회적 갈등, 경제적 손실과 국민 갈등으로 연결될 것이다.

정당과 후보자는 정말 신중하게 공약 작업을 해야 하고 SMART한 매니페스토를 내놔야 할 것이다. 모든 정책이 이런 SMART를 바탕으로

만들어진다면 유권자인 우리는 대단히 양심적인 선거 정책을 접하게
될 것이다.

우리 삶을 황폐하게 하는 정치권, 어떻게 해야 하나?

창당 2주년을 맞는 고용복지연금당은 대국민 토론회를 통해
정책을 수렴했다. 3년 동안 30여 차례에 이르는 대국민 토론회를 개최했다.

좋은 정당 만드는 데 관심 없다

고용복지연금당은 16차 대국민 토론회에서 "우리 삶을 황폐하게 하는 정치권, 어떻게 해야 하나?" 대국민 토론회를 개최했었다. 토론회에서 나온 얘기를 옮김으로써 한국 정치의 그 무엇이 우리 삶을 고달프게 하는지 알아보자.

고용복지연금당을 대표해 발표에 나선 필자는 한국 정치 황폐화를 4가지로 분류해 설명했다. 그리고 결론에선 늘 필자가 강조하는 국민수준이 곧 정치인 수준이 됨을 통감하고 선거를 통해 부적격 정치인이나 정당을 배제해야 한다고 강조했다.

70년이라는, 짧으면 짧고 길다면 긴 한국 정치 역사는 정당이라는 정치기계를 통해 정치 리더를 배출해 보지 못했다. 정당이라는 결사체가 형성되어 그 안에서 자리를 잡아 성장해 온 정치인이 대한민국 리더로 진출하기 전 이미 대중적 인기를 차지해 온 인물들이 정당을 만들거나 지지가 높은 정치인이 잠시 대표로 자리를 잡는 형세를 취해 왔다.

그러니 그 정치인이 일단 청와대에 입성하거나 국회로 가게 되면 그 정당은 청와대 출장소 정도로 운영되어 온 것이 우리나라 정치 현실이다. 이들은 한결같이 좋은 정당을 만드는 데 관심이 없다.

정치가 발전할 계기가 정당 안에서 자라질 못하고 정당 안의 무수한 인재들도 누구에게 줄을 서나 하는 세속적 출세에 휩싸여 정당정치가 발전할 겨를이 없다.

전부 아니면 다 아닌 패거리 양당제

둘째는 제왕적 대통령을 만들어 내 정권을 쥐려는 양당의 끊임없는 싸움이다. 이런 환경에서 멍드는 것은 민생이다. 말로는 민생, 국민을 위한 단어를 읊어 대지만 속내는 전혀 아니다.

이는 전형적인 양당제가 만들어 내는 폐해다. 기존 정당이 깨지고 흩어져 다시 양당체제가 된 형국을 띤 한국 정치이지만 몇 달 후를 예측

할 수 없는 이합집산 정당의 모습이다.

그러니 여당은 대통령에 의한 여당으로, 야당은 언젠가는 대통령이 되기 위한 야당으로 치닫고 있어 이런 대화나 타협이 있을 수 없는 all or nothing의 싸움의 연속이다.

의원 한번 해 봐야

셋째는 국회의원의 자질과 의회가 생산하는 의원입법의 정당성이다. 언제부턴가 우리 사회는 돈을 벌었거나 유명해지면 국회로 가는 과정이 생겼다. 대부분 본인이 지원했거나 기존 정당에서 초치해 출마시킨다.

이와 같은 연유로 국회에 들어간 이들에게는 정치에 무지하며 그저 당의 거수기로 4년을 보내면서 다음 선거에 나서는 준비일로 시간을 보내면서 국회의원이라는 특권을 누리게 된다.

"300명 국회의원 중 정부 예산서를 읽을 수 있는 사람이 서너 명밖에 없다"는 전 새누리당 대표의 독백이다. 또 국민 중에 국회의 실상을 아는 사람은 10%도 안 될 것이고, 만일 실상을 안다면 몽둥이를 휘두르고 돌팔매질을 할 것이라고도 했다.

국민이 국회 실상을 10%도 알지 못하지만 국민 마음은 이미 국회를 떠나 있다는 것을 의원들은 알아야 한다. 지역구 출신들은 토호세력과 암묵적으로 엮어져 지역 이권에 매달리고 의원입법이라는 절차를 통해 법을 양산해 낸다.

20대 국회에서 1주에 2~3개씩 법안을 제출해 낸 의원이 있다는 것은 기가 찰 노릇이다. H일보는 이를 "무식하지 않고는 결코 이런 위헌적 횡포를 자행할 수 없다"라고 국회를 비판했다. 의원 자질에 대한 국민의 심판이 선거 때마다 절실히 요구되는 부분이다.

입법권자들의 횡포 : 무조건 따르라!

대의민주제 상징인 국회의 고유 권한은 입법권, 즉 법을 제정하는 것이다. 절대왕정 체제에서 왕이 맘대로 휘둘렀던 통치는 법에 의한 지배(법치주의)로 탈바꿈한 사건은 정치 혁명의 상징이었다. 그 법은 소수가 아닌 국민을 위해 존재(주권재민)하는 것으로 국민을 대신해 국회의원들이 이를 '총괄'한다. 다시 말해 국회의원은 국민의 대리인에 불과하다.

그러나 그 대리인은 권력자가 되었고, 이 법을 진영과 자신의 안위 및 이익을 공고히 하는 도구로 전용하고 있다. "우리가 두드리면 법이니 무조건 따르라!"고 국민에게 명령한다. 적반하장도 유분수이지, 어느새 자신들을 봉건 귀족으로 여긴다. 그리고 선거에 즈음해선 대리인의 낮은 자세로 돌아가 허리를 굽신거린다. 국민은 이 카멜레온들의 변신을 알아채지 못하거나 망각하기 일쑤이다.

법치주의 명분 아래 여의도는 입법의 칼이 춤추는 무대가 된 지 오래다. 불순한 의도로 제정된 법의 폐해는 고스란히 국민에게 돌아가지만 앞서 지적한 입법의 남발이다. 대한민국 국회에서 통과하는 법안은 한 해 2000건 정도로 의회제도가 발달한 국가와 비교하면 수십 배가 넘는다. 영국은 31건, 프랑스는 88건, 독일은 136건, 미국은 193건이다.

의원 발의의 급증은 15대 국회부터로 시민단체들의 의정활동 평가가 시작된 시기와 일치한다. 평가 핵심지표에 법안 발의가 중요한 비중을 차지했다. 그러다 보니 비슷한 내용을 중복하고 쪼개거나 단어와 문구를 고쳐서 발의하는 꼼수를 부린다. 법이 상품이 되고 국회의원들은 영업사원이 되어 실적을 부풀린다. 또 자신들의 필요에 따라 손바닥 뒤집듯 마냥 고치고 발의하는 게 부지기수이다.

더욱 심각한 것은 덜컥 입법한 뒤 "이게 법이니 알아서 하라"는 독선

적 입법만능주의로 일어나는 사회적 부작용이다. 예를 들면 임대차 3
법은 전월세 폭등을 불러일으켰고, 가덕도신공항특별법은 사전타당성
검토 결과 부실화가 명약관화하다. 이에 따른 갈등과 불만이 터져 나
와도 법원이나 헌법재판소로 가 보라고 하면서 자신들의 책임을 회피
한다.

국회의원들의 법제정의 독선과 무책임한 태도의 부작용은 다른 권
력자들의 그것과는 확연한 차이가 날 수밖에 없다. 왜냐하면 그것이
법이기 때문이다. 통과된 법은 집행해야만 하기에 이에 따른 인력과
예산이 들고, 나아가 법의 불신을 초래함으로써 사회적 시스템의 붕괴
를 일으킨다.

루소가 『사회계약론』에서 "입법권은 국가의 심장"이라고 말한 까닭
이 여기 있다. 로크도 "입법부가 무너지거나 해산되면 국가의 해체와
죽음으로 이어진다"라고 강조했다. 이러한 측면에서 대한민국 국회의
원들의 자신과 진영을 위한 싸구려 독선적 법제정 행태는 한국 민주주
의의 암덩어리가 아닐 수 없다.

이를 위한 근본적인 해결책은 국회의원들의 인식 전환이다. 사회적
질서의 근간이 되는 법을 만드는 책임감과 국민을 존중하는 자세가 절
대적으로 요구된다. 시민단체 감시체계도 정량평가가 아닌 정성평가

위주로 업그레이드해야 한다. (필자는 270개 시민단체의 결사체인 법률연맹의 '국정감사NGO모니터단' 공동단장으로 활동하고 있다.)

제도적으로는 법안 발의 기준을 현행 의원 10명에서 20명으로 늘려 내용의 신중함을 기하고 타당 의원도 포함시키는 장치를 마련해야 할 것이다. 또한 전문가 참여, 공청회 등 입법 품질 확보 절차도 마련해야 한다. 법조문이 문법적으로 맞는지 점검하는 절차를 밟는 독일 등 의회 선진국들의 벤치마킹도 필요하다.

함량 미달 기초의원과 지역의 제왕 국회의원

동료 의원이 운영하는 식당의 단골손님 구의회 의장단, 해외연수 중 쌍방 폭행한 군의원, 아내를 살해한 시의회 의장, 동료와 불륜을 저지른 시의원… 공무원들에게 폭언 등 갑질의 지방자치단체 의원들은 아예 뉴스 축에 끼지도 못한다.

지방자치의 꽃은 각 단체장과 자치단체 의회이다. 당연히 지역의 일꾼으로서 모범을 보여야 함은 당연한데, 이런 소식을 접할 때마다 주민들은 "도대체 누가 저런 함량 미달 의원을 공천했느냐"며 분통을 터뜨린다. 냉정히 말하면 유권자들의 비난은 누워서 침 뱉기이다. 자기 손

국민의 수준이 정치의 수준을 높인다

으로 뽑았기 때문이다. 그럼에도 불구하고 "누가 공천을 했느냐?"라는 질문은 여전히 강력하고 유효하다.

현행 제도에서 지방자치단체장 및 지방의회 공천의 주인공은 '정당' 이다. 2006년 지방의원 선거부터 정당 공천 제도가 도입됐다. 정당 내 공천 시스템을 통해 지역 일꾼을 체계적으로 발굴하고, 지역 현안을 꼼꼼히 챙겨 책임정치를 실현하겠다는 취지였다. 정당의 지역별 시도당 에서 후보자 검증, 여론조사, 경선 등을 진행한 뒤 중앙당 최고의원회 의에 보고해 최종 후보가 결정하는 절차이다.

정당이 지방정치에 개입(?)한 것은 정당정치와 밀접한 관련이 있다.

지방정치에 대한 주민들의 참여를 극대화함으로써 대의제인 간접민주주의의 단점을 보완해 준다는 명분이다. 즉 주권자인 국민들이 더 많이 정책 결정 과정에 참여함으로써 정치적 지지의 확대를 통해 정치적 발전이 가능해지는 것이다.

문제는 지방정치에서 정당이 개입해 정당이 지배하고 정당이 권력자가 되는 데 있다. 지방자치단체 정치 후보자들의 공천권이 정당의 틀 속에서 이루어진다. 정당 구성원 중 정점을 차지하는 것은 국회의원, 그중에서도 지역에서 선출된 지역구 국회의원이 정당 대표가 되고, 정책의장과 대변인이 된다. 중앙과 지방 막론하고 정치 후보자들에게 공천은 곧 생명줄이며 이를 매개로 정치적 주종관계가 성립된다.

문제는 기초의원 공천 과정이 투명하지 않은 데 있다. 지역구 국회의원에 종속돼 있다 보니 자질이나 도덕성과 무관한 불량 후보가 선출되고 있다는 점이다. 지역구 국회의원이 공천을 좌지우지하다 보니 '사천'이나 다름없다는 이야기가 나올 정도. "기초의원은 '국회의원의 10번째 보좌진'"이란 말이 괜히 생긴 게 아니다.

또 '돈과 친분 장사'라고 불린다. 검증 과정에서 지역위원장(당협위원장)과 지역구 국회의원 입김이 강하게 작용하는 탓에, 이들이 주최하는 행사 의전과 동원이 후보 개인의 됨됨이나 능력보다 중요하다는 뜻이다.

　토론이나 연설 한 번 없이 서류와 면접만으로 후보가 결정되는 검증 과정도 깜깜이나 다름없다. 시도당 검증위원회에 외부인사가 50%가 량 참여하지만, 지역위원장(당협위원장)과 지역구 국회의원 의견이 검 증위에 그대로 전달되는 경우가 많다. 면접 절차가 있긴 하지만 후보 별로 큰 차이가 나지 않기 때문에, 지역 소식에 밝은 지역위원장과 국 회의원 이야기에 귀를 기울일 수밖에 없는 구조이다.

　거대 양당은 이를 제어하기 위한 장치가 없진 않다. 추천신청서, 주 민등록등본, 범죄경력회보서, 부동산 현황 등등의 서류검증을 통과해 야 공천 경쟁에 돌입하는데, 그러나 검증 단계가 불투명하기 일쑤이 다. 겉으로는 '시스템 공천'을 한다고 알리지만 '운영의 묘'를 살리는 데 귀신들이어서 결국 공천은 돈과 친분의 정비례 함수관계로 귀결된다.

　이와 같은 환경은 국회의원들의 제왕적 군림은 함량 미달 정치인 배 출과 정치 신인들의 진출을 어렵게 한다. 신인들은 기울어진 운동장에 서 있다. 보통 10~20% 가점을 주긴 하지만, 현역 의원이나 토착 세력 은 지역구 국회의원과 한 몸처럼 움직이기 때문에 신인들은 이 카르텔 에 들어가야만 그 점수를 따기 쉽다. 시작부터 고인 물에 적시는 셈이 다.

경선 과정에서 치러지는 여론조사가 대표적이다. 대부분 예비후보는 "당원 100% 여론조사를 위해 문자로 자신을 알려야 하는 경우가 많은데, 신인에게는 당원 명부가 공정하게 제공되지 않을 때가 많다"고 말한다. 이 신인들은 지역의 유권자에게 이름을 알릴 수단마저 부족하다.

국회도 기초의원에 대한 정당 공천제의 문제점을 모르는 것은 아니다. 정당 공천제 폐지를 골자로 한 법안은 19대 국회에서 여섯 번, 20대 국회에서 두 번 발의됐다. 하지만 제대로 된 회의 한 번 하지 못한 채 법안은 자동 폐기됐다. 21대 국회에서도 한 차례 법안이 발의됐지만 현재까지 관련 논의는 없었다.

국회 차원의 논의가 지지부진하다 보니, 애초에 정당 공천제의 문제점을 고치려는 의지가 없었다는 비판도 나온다. 사실 국회의원이 수족처럼 부려 온 기초의원 공천권을 쉽게 내놓을 리 없다. 겉으로는 시스템이지만 속으로는 제왕적인 이 공천 시스템이 바뀌지 않으면 기초의원은 중앙의 예속을 벗어난 진정한 의미의 '지방자치'는 불가능할 것이다.

이러한 부작용을 일거에 해소할 수 있는 것은 정당 공천제 폐지이지만, 현실적으로 쉽지 않다. 또한 기본적인 검증과 책임 정치, 소수자 공천 등 정당 공천제가 지닌 장점도 있기 때문에 사회적 합의가 필요하다. 따라서 할 수 있는 것부터 개선하는 게 바람직할 것이다. 여러 가지 개선방안이 논의되지만, 정당 내부에서 검증을 강화하고 체계적으로 교육하는 게 합리적 대안임은 말할 나위가 없다.

그러나 이 역시 구조적 문제를 해결할 수 없다. 정당 외의 집단이 이 공천 시스템을 작동하는 일원이 되어야 한다. 대한민국에서 이러한 역할을 맡을 곳은 NGO가 적정할 것이다. 이미 국정감사 모니터 활동, 함량미달 후보 당선 반대 운동 등은 제한적인 정치감시 활동을 하고 있지만, 그것은 어디까지나 사후(공천 후)적이라는 한계가 있다.

무엇보다 NGO가 공천 과정에서 개입하면 제왕적 국회의원의 권한을 견제할 수 있을 것이다. 공기업의 비상임이사를 생각하면 이해가 빠를 것이다. NGO의 순수성(?)을 의심할 수 있지만 그것은 차후 논의할 문제이다. 늘 하는 주장이어서 고루하겠지만, 의지만 있다면 얼마든지 합리적 방안을 찾을 것이다.

국민 수준

넷째는 국민 수준이다. 필자가 NGO 활동을 할 때는 늘 회원 수준을 탓했다. 사회변화운동을 하면서 '아, 이런 때는 회원들이 좀 더 많이 참여했으면' 하는 아쉬움이 있었다.

506070+ 노령화 전문 NGO 대한은퇴자협회를 이끌면서 특별기구장들에게 노조처럼은 못 하더라도 회견 때마다 1,000명쯤이 여의도에 모이면 우리가 원하는 법을 만들 수 있다고 호소하곤 했었다.

고용복지연금당은 창당해 자진 해산 시까지 3년을 겪은 초짜 정당인으로서, 정치에 대한 국민의식과 관심이 높아진다면, 정치인들 역시 국민에 대한 두려움과 섬기고 일을 해야만 살아남겠다는 직업관이 높아질 것이라는 신념이다.

고용복지연금당은 시니어 정당이었다. 시니어들은 가정을 이끌고 있고 그 가정의 틀에는 남녀노소가 구성원이다. 아들, 딸들이 직계가족이다. 그 직계가족의 가장이 흔들리면 지역 사회가 불안정해지고 그 여파는 사회로 퍼져나간다.

지난 역사이지만 일자리, 연금 전문 정당이 우리나라에 존재했다는 것은 정말 가상한 일이라고 해야 하지 않을까 묻고 싶다.

시몬 드 보부아르는 말하기를 "나이든 세대는 한 번도 이 세상의 흐름에 개입하지 않았다. 그들은 활동 능력이 있는 한 그 집단에 섞여 존재하기 때문에 자신의 존재가 그 집단과 구별되지 않는다. 그 집단에서 그는 단지 나이든 성인일 뿐이었다. 어느 날 그 능력을 상실하게 되면 그때야 딴 사람으로 보이게 된다'라고 말했다.

"있을 때 잘해." 필자가 정부 관리나 의원들과 안면이라도 트게 되면 가끔 하는 진정한 충고다. 문제는 알아듣지를 못한다는 것이다. 그리고 그 의미를 깨달았을 때는 그 직책을 떠나 이제는 세상에서 아무것도 할 수 없는 평범한 시민이라는 현실에 비통해하지만 때를 돌릴 수는 없는 것이다.

프랑스의 정치인이자 정부 관리이며 학자인 알렉스 토크빌은 180년 전 20대 중반에 미국을 9개월간 여행한다. 앤드루 잭슨 대통령도 만나고 시골 마을의 주민들도 만나며 미국의 민주주의를 섭렵한다. 프랑스로 귀국한 토크빌은 '미국의 민주주의'를 쓰며 "국민 수준이 정치 수준이며 이것이 민주주의"라고 말했다.

우리 수준이 높아지면 정치인 수준이 높아질 수밖에 없다. 당연한 이치다. 현역에 있는 정치인들이나 정치에 나서려는 후보자들은 총선이나 대선에 나서겠다 하며 하는 말들이 한결같이 '뭘 하겠다' '뭘 해 주겠다' 판이다.

우리가 깨어야 한다. 우리가 깨면 세상이 변한다. 우리는 좋은 무기를 갖고 있다. 그 무기는 4년, 5년마다 쓰는 단 한 번의 무기다. 단 한 발로 목표에 맞춰야 한다. 깨어난 국민이라면 뭘 맞춰야 하는지 알아야 한다. 그래야 우리 삶이, 후세의 미래가 담보된다.

정치인 수준

정치인 수준도 좀 얘기하자. 국회의원 수준이다. 우리나라 국회의원들 수준 높다. 대부분 율사 출신, 고위직 관리 출신, 유명 인사, 또는 사업으로 성공한 사람들로 구성된 특수그룹이다. 300명 정원은 난공불락으로 법을 만들고 그 법 위에 군림한다.

그런 국회의원 가운데 정부 예산서를 읽을 수 있는 사람은 서너 명밖에 없다는 새누리당 전 대표의 한탄은 우리를 절망시킨다. 모른다면 의원실에서 날밤을 새며 보좌관들과 공부하고 전문가에게 묻고 그래야 되는 게 아닌가? 왜 미국 하원의원이나 덴마크 의원, 스웨덴 의원들이 힘들어 집으로 돌아가겠다고 하는지를 깨달아야 할 것이다.

21대 국회가 후반으로 접어드는 것을 보면서 19대나 18대나 다른 점이 하나도 없는 퇴행적 국회 운영을 보고 있다. 국회 특권을 내려놓겠다고 요란했던 개원 초기의 얘기는 슬그머니 사라졌고, 국민은 얼굴이 좀 바뀐 또 다른 권력의 집단에 의해 시달림을 당하게 됐다. (말 많은 트럼프는 이럴 때 '강간'(Rape)이라는 단어를 쓴다. 권력 집단에 의한 국민 강간!)

국회의원으로 일한다는 표시는 내려고 너도나도 입법 경쟁에 나서 개원 두 달 동안 쏟아낸 의원발의 법안이 1,000건이 넘는다. 하루 20~30건씩 찍어낸 셈이다. 입법 공장이 됐으며, 입법 폭주에 입법 바벨탑을 쌓고 있다.

국민 의사를 충분히 발휘치 못하는 선거제도 개혁, 국회의원 특권 줄이기 두 가지만 이루어도 우리나라의 대의민주주의는 발전하게 될 것이라고 강조한다. 선거제도개혁이 일어나면, 국회의원이란 자리의 매력이 급감하게 되고, 출세하려고 줄 서던 인물들이 줄어들고, 국가와 국민에 대한 애국심과 지혜와 봉사 정신으로 일하려는 사람들로 대치될 것이다.

필자는 그런 예를 얼마든지 선진사회 정치에서 찾아볼 수 있다고 다시 강조한다. 의원 특권이 일반 회사 직원과 같다면 특권과 이익을 좇던 패거리들은 떠날 것이다. 이들이 현재 즐기고 있는 특권을 하나하나 국민 이름으로 줄여 나가면 국회는 국민을 위해 일하려고 하는 사람들만 남을 것이다.

지역 민원에, 소속 정당의 주문에, 이권에, 다음 선거를 위해 진력하니 의원의 진짜 업무는 팽개쳐진 것이다. 그런가 하면 입만 열면 민생이요, 여러분 그렇지 않습니까 외치고, 휴대폰 통화에 매달린다. 뭐가 그리 바쁘신가요?

헌법 46조 3항을 보면 국회의원은 청렴의 의무가 있고, 국가의 이익을 우선해야 한다고 되어 있다. 또 재산상의 이익 또는 직위를 취득하거나 타인을 위하여 그 취득을 알선할 수 없다고 규정해 민원 청탁은 의원 직무에서 아예 배제하고 있다. 그런데 민원을 처리한다는 명목으로 국회법까지 개정했다. 위헌적 입법이다.

또 정부예산의 증액이나 새로운 비목 설치를 금지하고 있지만 '쪽지'라는 이름으로 국가 예산을 찢어발겨 지역구에 내려보내려 혼신의 힘을 쏟는다. 그리고 동네 어구나 읍면 사거리에 현수막을 걸고 예산 얼마를 유치했다고 자랑한다. 지역구 국회의원 하는 짓이 시, 도, 구, 군의원 수준이다.

국가나 국민은 보이지 않고 그저 내 고향, 나를 뽑아 준 지역구, 나를 크게 후원해 준 토호세력, 공천해 준 정당에 충성, 충성이다.

멍드는 건 국민이다. 국회의원은 나라를 봐야 한다. 지역 의원이 아니다. 왜 우리는 서구 최고로 민주주의가 발달하고 사회복지제도가 잘 된 상위 국가들이 지역구 없이 전국비례대표 선출제도를 갖고 있는지 유념해야 한다.

국가 지도자의 자질

역대 대선을 보면 대통령에 출마하려는 정치지도자들이 온갖 공약과 꿈을 국민에게 심으려 한다. 선거에 임하는 지도자들의 선거공약이라는 것은 어떻게 보면 국민에게 희망과 꿈을 심어 주는 것인데 아무런 근거도 제시하지 않고 입으로만 뱉어내는 것은 그야말로 '헛 쏤約(공약)'인 것이다.

작지만 국민에게 실현이 가능한 꿈을 심어 주라는 것이 지금 우리나라 정치지도자 국회의원들에게 하고 싶은 말이다. 그리고 그 꿈은 대통령 자신이 스스로 행동에 옮기고 국민에게 감동을 주어야 비로소 이루어지는 것이다.

오바마 대통령은 "나에게는 꿈이 있습니다(I have a dream)"라는 마틴 루터 킹의 명언을 미국인들에게 재확인해 주었고 이를 달성키 위해 노력했다. 퇴임식에서 "Yes, we can and we did it." 연설로 미국인들을 열광시켰다. 퇴임하는 대통령이 취임하는 대통령보다 인기가 더 높다는 것이 이를 방중한다.

흑인으로서 온갖 어려움을 떨쳐내고 미국의 대통령직을 성공적으로 수행한 그를 우리는 남다르게 보고 있다. 왜 우리나라의 역대 대통령들은 오바마처럼 국민으로부터 성공한 대통령으로 평가되는 사람이 한 사람도 없는가?

2015년 5월, 흑인들이 많이 사는 사우스캐롤라이나의 흑인교회에 한 백인 괴한이 침입하여서 총기를 난사하여 목사와 신도들이 사망하고 부상당했다. 이때 오바마 대통령은 그 교회의 추도식에 가기로 마음을 먹었다. 그가 그곳에 감으로써 오히려 흑백 간의 분쟁을 더욱 부채질할 수도 있었던 터여서 참모들과 영부인까지 그 교회에 가는 것을 반대했다. 그러나 오바마는 그곳에서 연설 중간에 노래를 불렀다. 〈어메이징 그레이스(Amazing Grace)〉였다.

이 노래는 흑인 노예상인이 온갖 악행을 저지르고 진실로 하나님 앞에 반성한다는 뜻으로 지은 성가다. 후일 세계인들이 함께 부르는 노래로 우리에게도 친숙한 노래다. 그리고 그는 희생된 사람들의 이름을 일일이 호명하여 진실을 담은 조의를 표했다. 장례식장은 오바마를 향한 박수 소리가 끊임없이 이어졌고 감동의 눈물바다가 되었다.

문제는 왜 우리나라에는 오바마 같은 대통령이 없을까? 하는 점이다. 꿈을 주고 진실이 묻어나는 감동의 정치를 왜 우리나라 정치지도자는 못 하는가? 바로 그 점이 대통령의 가장 중요한 덕목이고 자질이라면 자질인 것이다.

몬태나주 목장의 미국 정치 모니터단

미국 북서부 캐나다와 경계한 몬태나주 남쪽 필립스버그의 시골목장에는 미국 정치인들이 제일 꺼리는 PVS(Project Vote Smart)라는 의원 감시 비영리 단체가 위치하고 있다. 미 전역에서 자원해 이곳을 찾아온 다양한 세대들이 이 황량한 시골 목장에서 미국 정치를 지키는 일들을 밤낮없이 하고 있다. 미국 정치 watcher들이다.

이들은 자비로 참여해 몇 달씩 머물면서 급료도 없이 4만 명에 이르는 미국 정치인들의 활동을 감시해 미 국민들에게 정보를 제공하는 활동을 한다. 40여 명의 상근 인턴들로 구성된 모니터단은 후보자나 현역의원들의 기본 정보, 정치적 이슈, 투표 성향, 기부금 사용처, 이익단체 연계 여부, 연설문, 정치적 견해 발표 등을 매일 조사해 자체 홈페이지 자료실에 올린다.

이런 정보는 Vote Smart의 홈페이지에서 1-800(미국 내 무료전화) 안내를 통해서 또는 자체 발행하는 인쇄물을 통해 정보를 얻을 수 있다. PVS는 연방정부뿐만 아니라 주정부, 선거관리처, 관련 정부 기관, 정당 등과 링크해 같은 정보를 공유해 정보를 제공한다. 1992년 설립된 PVS는 시골 목장 생활을 끝내고 미국 중부 도시 데모인시로 옮길 예정이다.

PVS 설립자 킴볼은 "우리가 뭘 하는지 한번 생각해 보세요. 후보자는 모든 시간을 다 바쳐 알지도 못하는 사람들한테까지 선거자금을 모읍니다. 그리고 그 후원금을 대략 세 곳으로 나눠 씁니다. 그런 다음 유권자인 여러분들을 저울질합니다. 이 정치시장에서 여러분이 뭘 사려고 (얻으려고) 참여하는지… 그리고 후보자들은 정치 컨설턴트를 고용해 후보자 이미지를 유권자 취향에 맞게 그리고, 마지막으로 유권자들에게 의미도 없고 이슈도 안 되는 정책을 갖고 표를 달라고 떠들어댑니다. "이것을 제일 잘하는 후보가 당선됩니다"라고 강조한다. 미국 정치인의 모습이나 한국 정치인의 모습이나 같지 않을까?

　우리 사회에도 의정활동을 감시하는 NGO들이 있다. 필자도 18년이 넘게 NGO 국정감사 모니터단 공동단장으로 활동해 왔다. 270여 개 NGO들의 공동참여로 국회 국정감사 기간 동안 1,000여 명의 활동가들이 전국에서 활동을 벌인다. 그러나 계절적인 활동으로 한계가 있다. 4,000여 명에 이르는 선출직에 대한 24시간 모니터링을 하는 PVS 같은 전문 NGO의 출현과 활동을 기대한다.

앞서간 나라에서 배운다

스웨덴은 사회복지제도의 으뜸으로 지구상에 알려져 있다. 그런데 정치 제도도 으뜸으로 발전한 민주주의 최고국가다. 인구 986만 명, 국회의석 349석, 비례대표제로 349명 의원을 선출한다. 그리고 의원들은 4년 동안 전력을 다해 의회 활동을 한다. 실적이 없으면 다음 선거에서 갈아치워지기 때문이다. 국민 수준이 정치 수준을 높인다. (스톡홀름, 스웨덴 국회의사당)

의사당에서 일하고 자고 흔적 치우는 미 의원들

사우스다코타 주 미 하원의원 크리스티 노엠은 의사당 내 Ray Burn 하원의원 건물에서 몰래 숙식을 해결하며 의원 노릇을 하고 있다. 새벽같이 일어나 보좌관들이 출근하기 전 잠잔 흔적을 치우고 Gym에 내려가 샤워하고 세탁된 옷을 갈아입고선 하루 일정에 들어간다. 이런 의원들이 줄잡아 100여 명은 된다고 의회 건물 관리소는 말한다. 하원의원 25% 정도가 의회 내에서 집무실을 취침 장소로 사용하는 셈이다,

여의도 인근이나 지역구에 거주지를 두고 일하는 한국 국회의원들과는 전연 다른 형편이다. Washington DC의 월세는 여의도 오피스텔 월세의 4~5배이고 의사당 인근엔 얻을 만한 아파트도 별로 없다.

이러니 동료의원이 의회 내에서 숙식을 못 하도록 하는 내규를 법안

으로 내놓고 있는 처지다. 미국 하원의원 급료는 17만 4천 달러다. 년 1억 9천만 원 정도다. 이것도 지난 10년째 묶여 있다.

의원들은 급료에 대한 세금을 낸다. 노엠 의원같이 지역구를 2500km나 먼 미국 중북부에 두고 있는 의원들은 두 개의 거주지를 유지하는데 어려움을 겪는다. DC의 집값은 시골 의원 출신으로 매입은커녕 월세를 얻는 것 자체도 큰 부담이다.

그러니 의원 보좌관들이 퇴근하고 특별한 모임이 없으면 냉동식품을 녹여 저녁으로 때우고 간이침대에 고단한 몸을 누인다. 새벽같이 일어나 정리하고 의회 내 카페테리아에서 아침부터 매식한다.

상원의원은 임기가 6년이니 재정적인 면이나 유권자에 대해서 좀 유리하다. 하원의원보다 좀 느긋한 마음으로 다음 선거를 대비할 수 있다. 하원의 임기는 2년으로 당선되자마자 다음 선거를 준비해야 하는 조급함이 있다. 40~50대의 젊은 의원들은 대부분 대학에 다니는 자녀를 두고 있으며 매년 올라가는 등록금은 의원이라고 해서 특별한 혜택이 없다.

공화당 출신 의원으로 하원의장을 맡았던 폴 라이언 의원도 의회 집무실 책상 옆에 침대를 펼치고 잠을 잔다. 라이언 의원은 NBC TV 인터뷰에서 의회 집무실에서 잠을 잔다고 해서 부끄럽다거나 국민 세금을 포탈한다고 생각하진 않는다고 심정을 얘기한 적이 있다. 보통 11시 30분쯤 취침해서 6시에 일어나 Gym에 내려가 샤워를 하고 8시쯤 올라와 업무에 들어간다. 그는 잠드는 시간을 빼고는 일어나는 시간부터 일을 한다는 편리성을 좋아한다고 말한다.

의원들의 의회 내 거주를 반대하고 있는 톰슨 의원은 미시시피주 출신이다. 톰슨 의원은 "나는 부유층이 아닌 시골 출신 의원이다. 출퇴근 거리가 멀어 불편하지만 포토맥강 건너 버지니아 쪽에 방 하나 아파트를 월 1800달러를 주고 산다. 의회 집무실에 취침한다는 것은 매우 비위생적이며 끔찍한 일이다. 당신이 방문한 의원 사무실이 취침 장소로 사용된다는 것은 매우 불결한 일이다"라고 강조한다.

건설적인 제안을 하는 의원도 있다. 도노반 의원은 10년째 못 올리고 있는 의원 급료도 문제지만 의회 주변의 비어 있는 공공건물을 찾아내 의원 기숙사로 사용토록 하는 법안을 내놓고 있다. 업무차 여의도 한국 국회의원 집무실을 방문할 때 보면서 "한국 의원들은 호강하고 있구나"라는 생각을 지울 수 없다.

한국 정치에도 PAC 제도화될 수 있을까?

PAC는 합법적으로 정치자금을 모으고 선거운동을 할 수 있는 미국만의 독특한 제도이다. 한국 정치에도 PAC가 제도화될 수 있을까?
PAC는 FEC(연방선거 관리 위원회)에 의해 등록, 관리된다.

정치활동위원회(PAC)는 무엇인가?

미국의 수도 워싱턴을 방문하는 관광객이라면 대부분 세계의 정치를 주도하는 백악관이나 의회의사당 대법원 등의 핵심 건물을 찾는다. 그러나 K가에 밀집한 평범한 건물들을 주목하는 사람들은 별로 없다.

하지만 이곳이야말로 미국 정치의 막대한 영향력을 발휘하고 있는 수천 개의 이익단체들이 상주하는 곳이다. 다른 나라에서는 찾아 볼 수 없는 미국 정치의 특징인 이 단체들을 통틀어서 PAC(Political Action Committee)라고 부른다.

미국의 이익단체 결성은 아주 오래전부터 활발하게 진행되었다. 일찍이 1835년 마키아벨리는 "새로운 개혁의 주체 세력으로서 프랑스에서는 정부가, 영국은 귀족, 그리고 미국에서는 단체가 그 일을 하고 있다."고 서술한 바 있다. 민주주의 사회에서 각종 이익단체들은 정부 관리에 대한 로비활동과 선거지원을 위해 막대한 자금을 제공함으로써 자신들의 이익을 대변할 후보자 선출에 총력을 기울여 왔다.

　필자는 한국 정치에 PAC가 설치되었으면 좋겠다는 생각을 언론을 통해 제안한 경험이 두어 번 있다. 미국에서 한인들의 정치적 역량을 높이고 미 주류사회 진입을 도모하기 위해 90년대 중반에 미주한인정치활동위원회를 뉴욕에 설치했다. 당시 미 하원으로 활동하던 김창준 의원이 제안해 뉴욕한인회장을 끝내면서 KAPAC를 설립해 연방선거관리위원회에 등록했다.

미국 한인 PAC 창립 관련 미주 조선일보 보도(1995. 7. 21)

규모는 작았지만 미주 한인들의 목소리를 Capitol Hill(미의회)에 전하기 위해 꾸준히 활동했다. 연방선거는 물론 뉴욕주지사 선거, 뉴욕시장 선거에 한인 유권자의 집합된 힘을 보이려 노력했다. 1998년 뉴욕주지사 선거에서는 주지사 후보로 나선 배치 로스를 당선시키기 위해 한인들의 표와 모금활동을 열심히 펼쳤었다. 지난 얘기지만 선거를 지원해 준다면 당시 IMF 외환위기 사태로 경제적 곤경에 빠진 한국을 돕겠다는 전제가 있었다. 배치 로스 남편 윌버 로스는 트럼프 행정부 때 상무성 장관이다.

한인 유권자의 힘을 보여 주기 위해 뉴욕주지사 선거에서
배치 로스 후보 당선을 위해 모금활동을 전개했다.

한국에 KARP대한은퇴자협회를 설립하기 위해 영주 귀국 준비를 하면서 일부러 한인 밀집지역인 Flushing에서 KARP 후임 운영진을 발표하는 마지막 기자회견을 가졌었다. 현재 뉴욕, 뉴저지, LA 등 한인 PAC 활동이 활발하다. 그러나 전체적으로 볼 때는 미약하다. 각 도시의 한인회 등이 한인들 위상과 주류사회 진입을 위해 PAC 활동을 전개한다면 효과를 볼 것이다. 안타깝게도 대부분 한인회는 이러한 시스템의 존재를 모른 채 한인들만의 소수민족 운영체로 운영하고 있다.

PAC는 미 국세청 527조에 따라 면세자격을 갖는 정치활동 조직이다. 그래서 '527' '527조직'으로 부르기도 한다. PAC는 연방 지방선거에서 후보들에게 영향을 끼치기 위해 기부금을 모아 활동한다. 반대로 낙선활동도 한다. 이웃 나라인 캐나다도 이 제도를 운영한다. 지난 미 대선에서 힐러리 후보는 7억 달러, 트럼프 후보는 4억 달러에 이르는 후원금을 PAC로부터 받았다. 정치개혁이 일어날 때 이러한 시스템이 대한민국에 도입된다면 정치인들이 유권자를 우습게 보는 관행도 줄어들 것이다.

PAC 기원

닉슨을 사임케 만들었던 워터게이트 사건은 대대적인 선거법 개정을 불러일으켜 PAC 탄생을 가져왔다. PAC의 개념은 기업이 PAC를 형성하기 오래전부터 시작되었다. 노동조합의 선거참여는 매우 적극적이었지만 1936년까지 직접적인 기부 활동은 극히 미미했다.

그러나 1936년 대통령선거에서 노동단체들의 선거의식이 눈에 띄게 달라졌고 모금 액수는 30만 달러를 상회했다. 1943년 7월에는 최초의 현대적 정치활동위원회인 CIO(Committee Industrial Organization)-PAC를 조직해 회원들로부터 정치기부금을 모금하기 위한 NC(National Citizens)-PAC를 조직해 이때부터 강력한 정치조직으로 부상했으며, 1944년 CIO-PAC가 조성한 정치자금만 해도 120만 달러에 이르게 되었다.

이렇게 새롭게 떠오른 노동단체들의 강력한 정치적 영향력은 정치인들에게 고맙기도 했지만 불안감도 야기했다. 급기야 제2차 세계대전 중인 1943년 발생한 노동자 파업은 국민의 불만을 사게 되었고, 마침내 의회에서는 당시 루스벨트 대통령의 거부권을 극복하고 스미스-코널리 법안을 제정했다.

이 법안은 기업이 선거후보자에게 직접 기부하는 것을 금지시킨 털만법안의 연장으로서 노동조합의 직접기부까지 포함시켰다. 의회는 이 법안이 전쟁 중에만 유효하다고 밝혔지만 1947년 테프트-하틀리법안을 영구화시킴으로써 기업과 노동조합의 정치자금은 예비선거 및 전당대회에서의 사용을 금지했다.

그럼에도 불구하고 이 법은 노동조합의 선거활동의 근본적인 개입
은 막지 못했다. CIO와 함께 대표적인 노동조합 단체 AFL은 1947년
AFL-PAC를 발족했다. 1955년 양대 노조는 통합했고, 각각의 PAC도
COPE(정치교육위원회)로 통합시킴으로써 COPE는 가장 효과적이며
영향력 있는 PAC로 성장하게 된다.

한편 사업체들의 PAC 형성은 노조보다 늦게 시작했다. 전국제조업
협의회는 1963년 8월 가장 활발한 사업체 PAC인 BI(Business Industry)
PAC를 창립했다. BI-PAC는 AM(Amercan Medical) PAC와 함께 1908
년 의회선거에서 120만 달러 이상을 모금함으로서 노조의 COPE와 대
등한 위치로 부상하게 된다.

BI-PAC와 AM-PAC는 1968년 기타 사업단체들이 모금한 PAC 전체
총액 중 61%를 차지함으로써 성공적인 출발하게 됐으며, 타 단체들도
이들의 예를 적극 따르게 되었다. 그래서 1964년 11개에 불과했던 사
업단체 PAC의 수는 1988년 33개로 증가했고, 1972년에는 무려 2000개
에 이르게 되었다. 그리고 오늘날에는 기업 PAC가 노조 PAC를 훨씬 앞
지르는 결과를 낳게 됐다.

사업가들에게 있어서 PAC는 비교적 비공개 정치기부금의 수단으로써, 개별 사업체들에게는 기존 정치기금 조성에 대한 대체방안으로 채택되었다. PAC 출현 이전에는 주로 비신탁인 기부와 통과시스템 두 가지 기부방식으로 아우러졌다. 비신탁인 기부의 방법은 기업에서 특수한 은행구좌를 오픈하고 이사 자신들이 선호하는 후보를 지명해 예금을 하도록 한 것이다. 기업은 이 예금액을 모아서 각 후보에게 기부하였는데, 결국 이 방식은 기업을 통해서 개인이 기부하는 형태를 띤 것이다.

이에 반해 통과시스템은 보다 비공식적이었으며 자선모금과 흡사한 방식을 취하였다. 다시 말해서 이 방식은 대표이사나 회사 로비스트, 혹은 지역별 감독관이 후보들을 지명하고 직원들에게 급여액에 따라서 후원을 요청하는 식이었다.

이 각각의 후원금은 봉투에 넣어 거둔 후 다시 큰 회사봉투에 넣어 회사대변인에 의해 후보에게 전달되었다. 여기서 중요한 것은 아직까지도 활동적인 PAC의 1/3이 이 두 가지 방식을 사용하고 있다는 사실이다.

PAC와 새로운 선거자금 법안

대대적인 선거법 개정이 이루어진 1970년대야말로 현대적 의미의

PAC 전성기가 열린 시기이다. 즉 PAC란 용어가 대중화됐고, 선거전문가나 정치인, 기자들을 통해서 정당이나 후보의 인가를 받지 않고 후보자에게 정치기부금을 후원하는 단체의 의미로서 PAC란 단어가 사용되기 시작했다.

그러나 이러한 대중성에도 불구하고 PAC는 법률에 명시되지 않은 일상용어로서 해석되었다. 즉 PAC란 노동, 사업, 혹은 무역단체 등의 독립된 정치자금 또는 특정후보를 위한 정치자금이라는 의미로서다. 정당이 PAC를 조직한다는 것은 불가능하다. 따라서 PAC가 특정 정당에만 국한되어 기부를 한다 해도 그 정당에 귀속되는 것은 아니다.

이런 PAC들 중에서도 다수후보 PAC는 특별히 중요한 의미를 갖는다. 이 PAC는 말 그대로 다수후보를 후원하는 정치활동위원회다. 다수후보 PAC는 연방선거관리위원회에 최소한 6개월간 등록이 돼 있어야 하고 50인 이상으로부터 후원과 5인 이상의 연방정부 선거후보자에게 기부함으로써 조직된다.

1981~1982년까지의 선거기간 중 존재했던 3716개의 PAC 중 2205개의 PAC는 다수후보 PAC였다. 그러나 나머지는 후보자 기부를 거의 하지 않는 서류상 PAC들로써, PAC라 함은 곧 다수후보 PAC를 말한다.

1970년대에는 일련의 법안제정에 의해서 PAC의 활동에 대한 규제가 이루어졌다. 최초의 법안으로는 1971년 제정된 FECA(연방선거 캠페인 법안)으로 1925년 제정되어 현실적인 의미를 상실해 버린 '타락선거 방지' 법안을 철폐하라는 것이었다.

이 법안은 1972년 4월 7일을 기해 선거자금에 대한 영수증과 기부금에 대한 공개를 엄격히 규정하였다. 여기서 주목되는 것은 FECA법안이 기업과 노조가 PAC를 조직해 운영할 수 있게 하는 권리를 인정했으며, 운영기금을 기업과 노조의 공금에서 충당할 수 있도록 함으로써 PAC 활동을 정식으로 인정했다는 점이다.

온건적 개혁안이었던 FECA도 워터게이트 사건의 영향을 받아 수차례 개정되었다. 또한 1974년의 FECA 수정안은 원안을 대폭 수정하게 된다. 일례로 수정안은 개인으로서 각 선거에 기부할 수 있는 금액을 1천 달러로 제한했으며, 일 년 동안 총 기부금은 2만 5천 달러를 넘지 못하도록 규정했다.

한편 개인이 독자적으로 지출하게 되는, 즉 선거유세나 후보와는 상관없이 선거에 영향을 미치는 지출한도액을 1천 달러로 제한했다. 이러한 수정안들은 각 후보들의 선거자금 조달원을 원천적으로 제한함으로써 후보들은 그 권리가 인정된 PAC에 더욱 의존할 수밖에 없게 되었다.

그리고 이 수정안에서는 PAC에서 선거당 각 후보에게 지출할 수 있는 금액을 개인기부금의 5배인 5천 달러로 제한했고, 1년간 총액에 대해서는 제한을 두지 않았으며, 대통령선거 시 연방세금수입인 국가재정의 사용을 인가함으로써 PAC의 기금이 의원선거에 집중하게 하는 결과를 가져왔다.

이 수정안에 의해 발생한 또 다른 결과는 정부와 청부계약을 맺은 회사나 조합이 PAC를 조직할 수 있도록 승인했다는 점이다. 그 이후 6개월 만에 150개 기업들이 PAC를 설립했다. 1970년대에 꼬리에 꼬리를 물고 이어진 선거자금법 개혁은 1979년까지 계속되었다.

비록 FECA의 수정안에 의해서 선거풍토가 많이 변화한 것은 사실이지만 무엇보다도 가장 큰 변화는 수많은 이익단체들에게 선거활동 참여기구로서의 PAC가 합법적으로 승인되었다는 점이다.

PAC의 변화

FECA에 의하면 PAC를 등록하는 것이 그렇게 어려운 일은 아니다. 1972년 FECA 법안이 효력을 발휘하기 시작한 당시에는 113개의 PAC가 활동했으나 1975년도에는 PAC의 숫자가 308개로 급증했다. 매년 약 20%씩의 성장을 해오던 PAC 숫자가 1980년 선거를 통해서는 그 수가 무려 2551개로 급증했다.

그 후 증가율이 좀 떨어지기는 했지만 1983년 말에는 3525개의 PAC가 형성돼 가히 PAC 전성시대를 구가하게 된다. 그러나 이 시기에 있어서 모든 PAC들이 동등하게 발전했던 것은 아니었다. 즉 등록된 PAC의 1/4 이상이 1천 달러 이하의 정치기금만을 조성하고 있고, 대다수 역시 정치자금이 수만 달러 수준에 불과하다.

사실 PAC가 워싱턴에 본부를 둔, 충분한 정치기금을 모아 막강한 영향력을 구사하는 조직이라 생각하는 것은 큰 오해이다. 많은 수의 PAC는 워싱턴 이외의 지역에서 소규모의 재정과 소수의 인원으로만 활동할 뿐이다. PAC가 지출한 금액은 1972년 1310만 달러에서 1962년에는 1억 9020만 달러로 10배가 증가했다.

PAC의 기금

PAC들이 1991년부터 1992년까지 2년 동안 모았던 기부금은 3억 8500만 달러에 달하고 있으며, 이 중 3억 8400만 달러를 기부금으로 지출했다. 이 기간 동안 PAC들이 연방의회 후보자들에게 기부한 총액은

미국 정치에서는 자신들의 이해관계에 따라 많은 PAC가 생성된다.

1억 8870만 달러에 달해 전년에 비해 19%가 늘어났다. 1992년 선거 당
시에는 총 1억 8000만 달러가 지출됐는데, 현직 의원들이 전체 기부금
의 71.7%를 받았고, 그리고 도전 후보들은 11.7%, 그리고 공석이 된 의
원직 후보들은 16.7%를 기부 받았다.

전체 PAC 중 40%는 후보당 5000달러 미만을 사용했다. 그러나 총
100만 달러 이상을 기부한 PAC는 전체의 1.5%에 불과하지만 이들이
지출한 총 기부금은 41%에 달하고 있다. 정당별로 살펴보면 민주당 후
보들이 PAC들로부터 1억 1500만 달러를 기부 받았고, 공화당 후보들
은 6400만 달러를 받았다.

다른 정당들은 총액이 30만 달러에 불과했다. PAC 기금 절대액수가 의원들에게 기부되는데, 1991년부터 1992년까지 대통령 후보자에게 기부된 총액수는 80만 달러에 불과하고 계속 감소추세를 보이고 있다. PAC 기부금은 확실히 민주당에게 더 많이 지출된다. 그러나 1994년 중간선거에서는 그 격차가 다소 줄어들었다.

그러나 개인기부금을 포함한 전체 정당기부금 액수를 살펴보면, 공화당이 민주당보다 거의 2배나 많다. 민주당은 1991년과 1992년 동안 총 1억 400만 달러를 모았고, 공화당은 1억 9200만 달러를 모았다. 민주당은 개인이 보내온 기금이 전체의 73%인 7600만 달러지만 공화당은 개인기부금이 88%인 1억 7000만 달러나 된다.

1992년의 의회선거를 살펴보면 의원선거가 갈수록 치열해지고 있음을 알 수 있다. 연방선거위원회에 따르면 1991년 1월부터 1992년 12월까지 연방상원과 하원의 선거캠페인 지출은 1989년부터 1990년까지의 지출보다 52%가 늘어난 6억 7800만 달러에 달했다. 이 중 하원선거의 지출은 3억 9600만 달러, 상원은 4억 700만 달러에 이른다.

상원

1998년 실시되는 중간선거에서는 총 34석의 상원의원석이 바뀌게 되는데, 현재 출마가 확정된 후보는 모두 58명이다. 이들 58명이 현재

1997년 상반기 6개월 동안 모은 기금은 총 4260만 달러이며 이 기간 동안 1080만 달러를 쓴 것으로 나타났다. 1995년 선거에서는 33석의 상원의원석에 50명의 후보가 출마해 2500만 달러를 모았고, 총 1000만 달러를 썼던 것으로 나타났다. 1997년 1월부터 6월까지 개인이 낸 기금은 2400만 달러(56.3%)였고, PAC에 낸 기부금은 800만 달러(188%)를 기록했다.

하원

현직 하원의원 435명은 1997년 상반기 6개월 동안 총 5290만 달러를 모았는데, 이는 1995년의 같은 기간보다 740만 달러가 늘어난 것이다. 이 기간 동안 227명의 공화당 현직 의원들이 3080만 달러를, 207명의 민주당 출신 하원의원들은 2210만 달러를 모았다.

이 기간 동안 공화당 현직 의원들의 경우 개인이 낸 헌금은 1660만 달러(53.9%), PAC 기부금이 1280만 달러(41.6%)였으며, 민주당 현직 의원들의 경우 개인이 낸 헌금은 1020만 달러(47.5%), PAC 기부금은 1080만 달러(48.9%)였다.

같은 기간 동안 공화당 현직 의원들이 1인당 받은 평균기부금은 10만 5987달러, 민주당 현직 의원들은 1인당 7만 2726달러였다. 또 96년 같은 기간 동안 공화당 현직 의원들은 11만 203달러를, 민주당 현직 의원은 6만 4691달러를 받았다.

　1995~1996년 2년 동안 모든 현직 상·하원의원을 포함한 2605명의 후보들이 총 7억 9000만 달러를 기부 받았으며 7억 6500만 달러를 지출해 1993~1994년 기간보다 수입과 지출 면에서 각각 700, 50의 증가세를 보였다.

　하원의 경우 1995~1996년 기간 동안 2천 280명의 후보들이 총 5억 540만 달러를 기부 받아, 4억 7780만 달러를 지출했고, 상원의 후보들은 2억 8750만 달러를 기부 받아, 2억 8520만 달러를 지출했다.

　1995~1996년 동안 개인기부금은 4억 4400만 달러를 기록해 1993~1994년 기간보다 10%가 늘어났다. 이는 연방 상·하원선거의 전체 기부금 중 50%를 차지하는 것이다. 그리고 1995~1996년 선거는 고액 기부가 크게 늘어나 사상 처음으로 1인당 750달러 이상을 기부한 개인들의 총합계가 1인당 200달러 미만의 소액기부자들이 낸 총합계보다 많았다.

　한편 후보들 개개인이 융자를 했거나 직접 돈을 마련한 총액수는 1억 660만 달러에 달했지만 이는 1993~1994년 기간보다 13%가 줄어든 것이다.

또 모든 연방 상·하원의원 후보들에 대한 PAC들의 기부금은 1995~1996년 기간 동안 2억 140만 달러를 기록해 1993~1994년의 1억 7950만 달러보다 12%가 늘어났다. PAC 기부금 분포를 살펴보면 민주당 후보들에게 1억 6700만 달러가, 공화당 후보들에게는 9390만 달러가, 그리고 기타 정당 후보들에겐 78만 달러가 기부됐다.

한편 현직 의원들에 대한 기부가 압도적으로 많아 현직 의원들은 총 1억 3330만 달러를 기부 받았고, 도전 후보는 2830만 달러를, 그리고 공석이 된 의석에 출마하는 후보들에겐 3980만 달러가 기부되었다.

PAC들은 절대적으로 하원 쪽에 많은 기부를 하는데, PAC들이 1995~1996년 기간 동안 하원 후보들에게 기부한 총액은 1억 5580만 달러나 됐고, 상원 후보들에게는 모두 4560만 달러가 기부되었다.

PAC의 조직과 모금활동

최근 들어 PAC들은 놀랄 만큼 성장했다. 그리고 각 회사나 단체 노동조합들은 앞다투어 PAC를 형성해 오고 있다. PAC의 형성은 우선 연방선거법안(FECA) 때문에 생겨났다 해도 과언이 아니다. FECA는 PAC의 조직을 합법화했으며 기업과 단체들로 하여금 PAC를 만들도록 장려했다.

거기에 FECA는 개인으로 하여금 각 후보당 5000달러, 총액이 2만 5000달러를 초과하지 못하도록 개인의 기부금 액수를 제한함으로써, 정치기부금이 각 후보당 5000달러, 그리고 총액은 무제한인 PAC의 형성에 절대적인 역할을 담당했다. 이에 따라 각 후보들은 개인의 기부보다는 PAC에 의존하게 되었다.

FECA의 시행 이전부터 선거 활동에 관심이 많은 기업이나 단체일수록 적극적으로 PAC를 조직했고, 인적, 물적 자원이 풍부한 기업이나 단체가 PAC를 형성하는 경우가 많았다. 한편 대표이사의 정치적 색채가 강한 기업일수록 PAC의 설립에 앞장서 왔으며, 노조가 설립된 기업에서도 선두주자로 PAC를 설립했다.

조사에 응답한 기업 중 58%의 기업들이 회사 내에 노조가 설립됨에 따라서 그에 대한 대응책으로 PAC를 조직했다고 답변했다. 그리고 목수노조가 존재하는 38%의 기업 중 적어도 하나의 노조는 PAC를 설립했다. 이 조사결과에 의하면 PAC가 형성된 과정은 사용자와 노조의 대립선상에 놓여 있음을 알 수 있다.

모든 수단과 기술들이 총동원되는 공격형의 모금활동이 이제는 PAC

의 표준적인 모금방법이 되고 있다. 그 이유는 PAC에서 지지 후보자에게 기부하려면 먼저 돈을 모금해야 하기 때문이다. PAC 임원들은 돈을 모금하기 위해 우편물을 통한 작업, 비디오테이프나 TV 또는 전화작업 등을 통해 마련한다.

예를 들어 기업 PAC들은 경영진과 임원진, 전문고용인, 주주들에게 언제든지 후원을 요청할 수가 있으며, 1년에 두 차례씩 고용인에게 우편물을 통해 후원을 독촉하게 된다. 또 노조 PAC들은 노조 조합원들에게 제한 없는 모금활동을 할 수가 있고 1년에 두 차례씩 비회원 및 회사 경영진, 임원, 전문고용인, 주주들에게 후원을 부탁할 수 있다.

한편 사업단체 PAC들은 매년 회원단체들로부터 승인을 받아야만 그 단체의 회원들로부터 모금을 할 수가 있다. 사업단체 PAC들은 회원단체가 아닌 경우 다른 단체들로부터 후원을 받는 데에는 제한이 없다. 또 사업단체 PAC들도 기업 PAC들과 마찬가지로 임원을 제외한 자기 단체의 고용인들로부터 매년 두 차례씩 모금을 할 수가 있다. 마지막으로 비단체 PAC들은 일반 대중들로부터 얼마든지 후원을 받을 수가 있다.

그렇다면 PAC들은 어떠한 방법으로 후원을 요청하게 될까? 한 조사 결과에 따르면 67%의 PAC들이 다양한 우편작업을 통해서 모금하고,

두 번째로는 후원자들을 직접 만나서 후원을 요청한다. 이 두 방법 모두 사업단체 PAC들과 기업 PAC들이 적극 사용하고 있다. 한편 PAC들을 홍보하기 위한 세미나에서 모금활동을 하는 것도 인기가 있다. 또한 전화작업을 통한 모금방법은 다른 좋은 예다.

그런데 후원자들은 모두 후원기금에 대한 세금혜택을 받을 수 있다. 즉 납세자의 경우 50달러까지 기부한 금액의 절반에서 크레딧을 요구할 수가 있고, 어떤 주에서는 감세도 가능하다. 대부분 PAC들은 개인적인 요청이야말로 가장 효과적인 모금방법이라는 데 대해 동의하고 있다.

많은 PAC들, 특히 노조 PAC들은 모금기구를 분산해 각 지역의 개인적 관계를 통한 모금활동으로 기금을 조성하고 있다. 한편 그룹 세미나도 모금방법으로 인기를 끌고 있다. 노조 PAC들은 전통적인 집회형식을 통해 이루어지는데, 지역 노조의 임원진이 투표기록과 법률보고서 등을 가지고 참가자들을 대상으로 설득작업을 벌이게 된다.

이와는 달리 기업 PAC들의 그룹 세미나는 대개 PAC의 아이디어 등을 선전하기 위한 짧고 거창한 비디오를 보여 주면서 시작해, 왜 PAC 활동에 참여하는 것이 중요한가에 대한 선동으로 끝을 맺게 된다. 이러한 모임들은 거의 집회화하게 되며, 대표이사가 참가자들에게 연설

하는 순서로 이어지게 되는데, 상당한 효과를 거둔다.

실례로서 '볼티모어 전기가스' 회사에서 열린 세미나 이후 많은 참가자들이 PAC의 활동에 대해 이해하게 되었다고 응답했고, PAC에 후원할 의사가 있음을 밝혔다. 다음 달 이 회사의 PAC 후원자는 무려 82%나 늘어났다. 이런 일반적인 방법 말고도 PAC들은 기금모금 활동을 위해 온갖 기발한 아이디어를 짜낸다.

예를 들면 잡동사니 세일, 하와이식 연회, 영화상영, 볼링, 골프, 테니스, 낚시대회 등 수많은 행사를 개최한 것으로 조사됐다. 또 행사 때마다 아름다운 모델을 고용해 후원자들의 눈길을 끌거나 코미디언을 초청해 무대에 올린다. 영화 〈Singing in the Rain〉에서 대비 레이놀즈가 연기했던, 생일케이크 위에서 뛰어내리는 장면을 연출해 내는 등 시선 끌기에 최선을 다한다.

대부분의 PAC들은 돈을 투자함으로써 이윤을 얻고자 한다. 최근 인기를 끌고 있는 모금 방법은 큰 액수를 후원하는 기부모임을 만드는 것이다. 사업단체 PAC를 선두로 해서 약 38%의 PAC들이 이러한 모임을 조직하고 있다.

이러한 모임은 특정 이상의 금액을 기부하는 회원들로 구성돼 있다.

예를 들면 '모기지 은행협회 PAC'는 250달러 이상의 후원자들로 구성된 '캐피탈 클럽', 500달러 이상을 후원하는 '체어맨 클럽' 등을 운영하고 있다. '전국 TV·라디오 방송협회'는 약정 후원금액이 커짐에 따라 '빨간색', '하얀색', '파란색' 클럽을 설립하고, 그에 맞는 각각의 색깔 핀을 각 클럽 회원들에게 배부했는데, 행사모임에 참석한 회원들이 서로의 핀 색깔을 확인한 이후 후원금액이 부쩍 늘어났다고 한다.

또 새로운 모금 방법은 끊임없이 개발되고 있다. 어떤 이념단체 PAC는 800번 무료전화번호와 함께 케이블 방송 채널을 통해 '목숨과 자유……… 믿는 자 모두에게'라는 30분짜리 다큐멘터리 프로를 제작해 두 달 동안 방영했는데, 방송 기간 중 모금된 후원금은 방송료 52만 달러를 지불하고도 남았을 뿐 아니라 신입회원 수가 1만 명이나 늘어났다.

이념단체 PAC들은 또 우편 작업을 가장 잘 활용하고 있는데, 당면한 이슈를 선정적인 어휘를 사용하면서 후원자들의 감정에 호소, 후원하도록 유도한다. 우편 작업에 드는 비용이 만만치 않아 지출을 뺀 우편 후원금은 적은 액수에 불과하다.

그러나 우편을 통한 모금은 단순모금의 수단으로서만이 아니라 선전과 광고의 수단으로 보기 때문에 투자할 만한 가치가 있다고 생각된다. 이념단체 PAC의 경우 일반 대중들에 대해 우편물을 발송한 후 후원을 받는 비율은 겨우 1~2%에 불과하다. 그러나 기업 PAC들의 경우는 기업에 관련된 사람들을 상대로 우편 후원을 하기 때문에 호응도가 훨씬 높다.

대다수의 PAC들은 후원을 강요하지는 않지만 일정한 후원기준을 가지고 있다. 노조 PAC나 사업단체 PAC들은 1인당 최소 10달러의 후원금을 정해 놓고 있다. 그러나 기업 PAC들은 후원자들의 임금과 직위를 고려해 여러 기준을 정해 두고 있으며, 대개 개인 수입의 0.2%에서 1.5%의 후원금을 요청하고 있다. 어떤 PAC들은 다른 PAC들에게 후원을 요청하기도 하는데, PAC들은 서로가 서로에게 5000달러까지 기부할 수가 있다.

PAC들의 전체 평균 기부금을 살펴보면 한 번에 100달러가량의 적은 금액이 기부되고 있다. 기업 PAC가 가장 많은 160달러이고 노조 PAC는 평균 14달러이지만 상대적으로 후원자가 많아 액수는 많은 편이다. 미국인들 중에서 직접적으로 PAC의 일원으로 참여하는 숫자는 적지만 기부자는 무척 많아서 전체 미국인 중 7%가 1개 이상의 PAC에 기부하고 있다.

누구에게 지원할 것인가?

PAC 집행부와 이사회는 일반적으로 어느 정당, 어느 후보에게 얼마만큼의 기부금을 줄 것인가에 대해 결정을 내린다. PAC 중 약 3/4은 집행부와 이사회의 결정에 의해 지지 후보를 결정하고, 약 6%는 워싱턴에 있는 임원에 의해 지지 후보를 결정한다. 그리고 4%만이 의장에 의해 지지 후보가 선정된다. 즉 지지 후보를 선정하는 과정에서 PAC들은 상당한 차이가 있다.

주식회사 PAC의 경우 10개의 주식회사 PAC 중 8개 이상의 PAC들은 집행부나 이사회를 통해 후보를 선정하는 권한을 부여하고 있으며, 11%는 집행부와 워싱턴 지부의 임원 간 합의에 따라 결정된다. 그리고 단지 2% 만이 회사대표나 워싱턴 근무 임원에게 전권이 부여돼 있다.

그에 반해 노동단체 PAC의 경우 60%는 집행부나 이사회가 결정권을 가지고 있으며, 12%는 대표가, 그리고 6%는 워싱턴 지부 임원이 그 권한을 부여받고 있다. 특히 사업단체 PAC들은 다른 어떤 PAC들보다 워싱턴에 근무하는 임원의 결정을 존중해 주고 있다. 한편 정도의 차이는 있지만 PAC 집행부나 이사회의 결정이 가장 큰 비중을 지니고 있다.

집행부나 이사회가 지지후보에 대한 최종 결정을 내린다고 해도 그에 대한 결정은 정당이나 정치인, 후보나 정치고문, 또한 회원 등을 통해 입수된 다양한 정보를 바탕으로 삼고 있다. 규모가 큰 PAC일수록 외부나 내부로부터 선거 분위기와 후보들에 대한 비밀정보를 알아내기 위해 많은 투자를 하게 되고, 선거기간 중에는 치열한 정보전쟁이 펼쳐지게 된다.

대부분 PAC는 이사회에서 후보를 결정할 때 만장일치를 관례로 하고 있다. 그래서 지지후보를 결정하기 위해서 투표를 하는 경우는 거의 없다. 만일 한 명의 이사가 특정후보를 적극 반대한다면 그 후보는 제외될 수밖에 없다.

PAC는 선정 시 뚜렷한 선호도를 나타낸다. 즉 사업단체 PAC들은 도전 후보보다는 현직 의원을 지지하는 비율이 훨씬 높다. 또한 비단체 PAC, 특히 이념단체 PAC의 경우 도전 후보와 현직 후보를 똑같이 선호하고 있다. 노동이나 사업, 비단체의 PAC들은 하원 후보를 지지하는 반면 기업 PAC들은 상원의원 후보를 선호하고 있다.

대부분 PAC들은 특별히 어느 한쪽을 선호하지는 않는다. 또한 공화당과 민주당 후보에 대해 균형을 맞추는 데 반해 노조 PAC들은 민주당을 선호하고, 기업 PAC과 사업단체 PAC들은 공화당을 선호한다. 노조 PAC들은 자유진보주의를 표방하고, 기업 PAC들은 보수주의가 강한

데, 중도를 표방하는 PAC들은 그리 많지 않다.

　PAC들은 선거에서 접전을 벌이는 후보들에게 기부하길 원한다. 이는 치열한 선거전일수록 PAC 기부금 역할이 크기 때문이다. 그러나 전체적으로 PAC들은 확실히 현직 의원들에 대한 지지를 선호한다. 그래서 PAC 기부금의 70% 이상이 현직 의원에게 투자된다. 도전 후보자들에 대한 PAC 기부가 절정에 달했던 때는 1980년으로 이는 기업 PAC들이 공화당의 많은 새로운 후보들에게 기부했기 때문이다.

　그러나 이때에도 새 후보자들이 받은 돈은 전체 액수의 26%에 미치지 못했다. PAC들은 종류에 따라 기부하는 형태가 천차만별이다. 1980년과 1994년 기업 PAC들은 새로운 공화당 후보들에게 전체 기금의 30%이상을 건네주었는데 이들 후보들이 대거 당선됨으로써 1982년 선거 당시 의회를 민주당 의원들이 장악하고 있었음에도 공화당의 현직 의원들에게 기금을 모아주었다.

　한편 노조 PAC들은 일관되게 민주당을 지원해 왔는데 특히 민주당이 유리하다고 생각되는 선거 때마다 공화당 현직 의원에게 도전하는 민주당 후보에게 집중적인 투자를 했다. 또한 의원들이 가장 좋아하는 PAC는 사업단체 PAC들이다. 왜냐하면 사업단체 PAC들은 어김없이 재선후보에게 기부를 하기 때문이다.

KA-PAC, USA 미주한인정치활동위원회
Korean-American-Political Action Committee, USA
P.O. Box 3375 Grand Central Station, New York. N.Y. 10163
Tel: (212) 580-2365 / Fax: (212) 580-4947

July 19, 1995
Contact : Jenny Lee, Peter Chung

ESTABLISHMENT OF KA-PAC, USA
NOON AT THE CAPITOL HILL, WASHINGTON D.C.
KOREAN AMERICAN POLITICAL ACTION COMMITTEE, USA

The Korean American community in the United States has reached a
crossroads in its maturity and evolution. Since the new wave of immigration
to America began in the late 1960's, my fellow citizens have worked hard to
build a new life for their families. We have given our time and energies to
rebuild inner cities commercial strips. We opened stores where there were
none. We have created viable neighborhoods where there was despair. We
have invested millions in capital where there was none. And we have
supported the tax base in our cities as full partners in the American dream.

However, economic partnerships and industrious efforts are not enough. To
fully join the American Family and to fully participate in all aspects of life in
America, we must get involved and in electing America's leaders of today
and of tomorrow.

Towards this goal of being politically mature, we have gathered here today to
announce the formation of the first KOREAN AMERICAN POLITICAL
ACTION COMMITTEE devoted to the goal of awakening our community to
the politics of America, and urging the hundreds of thousands of Korean
Americans to get involved in the process of governing.

We will represent the interests of our communities across America. We will
pursue the issues of the concern in our communities. We will advocate on
behalf of the Korean American citizens and articulate their concerns in the
corridors of power. We will present ourselves as full partners and citizens of
the United States. We will ask no more, no less than other groups and
constituents ask of our elected officials. Our only hope is to become a full and
active partner in America.

미주 한인 PAC 설명 보도자료

미 동부 한인 대표 단체들이 워싱턴DC 국회의사당 앞에서

KAPAC 선언문을 발표했다(1995. 7. 19.)

한 가지 특이한 점은 비단체 PAC들은 한 번도 현직 의원 후보에게 돈을 더 많이 준 적이 없다. 이들은 항상 새로운 후보를 추구하면서 전체 기금의 1/3에서 절반을 도전 후보에게 기부하고 있다. 그런데 PAC들은 속성상 현직 의원 후보에게 많은 액수를 기부하기 때문에 민주당 후보들이 받는 기부금은 공화당 후보보다 적었다.

기업 PAC들과 사업단체 PAC들의 활동이 부진했던 1970년대 초 민주당은 기부금에 있어서 공화당의 2배나 걷었지만 그 후 점차 퇴보하다가 1980년대 들어서 조금씩 만회하기 시작했다. 하지만 민주당은 기업 PAC들로부터는 여전히 인기를 얻지 못하고 있다. 노조 PAC은 민주당과 아주 밀착이 돼 있어 기부하는 방식에 거의 변화가 없다. 사업단체 PAC들도 1980년대부터 큰 차이 없이 공화당에 조금 더 기부하는 형태를 띠었다.

정당과의 밀월 관계

PAC와 정당은 서로를 필요로 하지만 정당은 PAC를 끌어들이기 위해 더욱 노력한다. 그 까닭은 정당이 PAC에게 기부하는 일이 거의 없는 반면, PAC는 적어도 거의 한 정당의 후보에게는 기부하게 되고 또한 정당에도 기부하기 때문이다.

다수 후보를 상대로 하는 PAC들은 각 정당 정치위원회에 매년 1만 500달러까지를 기부할 수가 있다. 다수 후보를 상대하는 PAC 중 약 1/3은 각 정당에 어느 정도의 액수를 기부한다. PAC들의 기부금으로 인해 1995년과 1996년의 2년 동안 정당의 통장에는 2억 1500만 달러가 늘어났다. 1980년 초의 600만 달러에 비교하면 엄청난 PAC의 기부금이 된다.

특히 자금난에 시달리는 민주당은 PAC들의 기부를 열렬히 환영한다. 같은 기간 내 민주당은 정당기금으로 9900달러를 후원 받았고, 공화당은 1억 1600만 달러를 후원 받았는데, 민주당의 기금이 적은 이유는 PAC들이 기부금을 대부분 후보자를 위한 기금으로 돌렸기 때문이다. 공화당은 PAC 외에도 개인헌금 등 다른 곳에서 기부를 많이 받기 때문에 민주당만큼 PAC 기부에 의존하지 않는다.

대부분 PAC는 정기적으로 열리는 각 정당 간담회나 각 정당의 소식지로부터 정보를 얻는다. 다수 후보를 상대로 한 PAC 중 44%가 민주당으로부터 정보를 얻고 있으며, 47%는 공화당으로부터 정보를 얻고 있다. 이는 대부분의 노조 PAC들이 민주당으로부터, 대부분 기업 PAC들이 공화당의 정보에 의지하고 있음을 반영하고 있다.

사업단체 PAC들과 비단체 PAC들도 엇비슷한 비율로 양당에 의존하는데, 사업단체 PAC들은 타 어느 단체보다도 정보의 획득을 위해 정당에 의존한다. 비단체 PAC들은 정당에 의존하는 비율이 가장 적다. 특정 정당의 간담회에 참여한 PAC들은 그 정당 후보에 기부할 가능성이 크다. 그 이유는 그 정당의 정책방향에 동의하는 사람이 간담회에 참가할 가능성이 많기 때문이기도 하지만 간담회에서 PAC들을 자기네 쪽으로 끌어들이기 때문이다.

PAC들은 각 정당 간담회에서 얻는 정보가 과연 얼마나 정확한가에 대해 의구심을 갖고 있다. 많은 PAC 책임자들은 선거에서 패배한 후보자를 지지했던 이유가 그 정당의 잘못된 정보에 있었다고 불평한다.

종종 정당은 자신들의 후보가 최상의 선택이고 당선 확률이 높다고 말하지만 과장된 경우가 있어 이 말을 듣고 쏟아부은 기부금은 고스란히 낭비될 때도 있다. 그러나 정당을 비난할 수만은 없다. 왜냐하면 정당의 입장은 PAC와 후보자들 중간에 설 수밖에 없다.

PAC에 대한 대중들의 인식

미국의 일반 대중들은 PAC에 대해 어떠한 견해를 가지고 있는가? PAC에 대해 얼마만큼 알고 있고, 어떤 우려를 하고 있는가? 복잡한 이슈일수록 사람들은 여러 생각들을 가지고 있고, 일반적으로 잘 알지도 못하면서 질문서의 문제들에 따라 다른 대답을 한다. 선거자금에 질문서의 과격한 문구와 문장들이 과연 대중들의 의견을 공정하게 반영할까 하는 의구심을 갖게 만든다.

그 일례로 몇 년 전 유권자들을 대상으로 연방 대선과 의회선거의 지출에 대한 설문조사가 실시된 적이 있다. 이때 '과도한 지출이 심각한 문제'인지, 아니면 '약간의 문제'인지, 아니면 '문제될 것이 없다'인지의 질문이 주어졌다. 응답자 중 무려 62%가 과다한 선거비용 지출이 심각한 문제라고 답변했다.

PAC에 대한 일반인들의 여론은 그다지 긍정적이지 않다. 비교적 객관적인 여론조사기관으로 정평이 나 있는 해리스(Hams)의 설문조사 내용은 다음과 같다.

"PAC들은 기업, 노조, 사업단체, 혹은 그 외의 그룹들에 의해 조직된 위원회들로서, 모금 활동을 하고 그 모금된 금액을 각 정당이나 각 후보자들에게 기부하는 곳입니다. 그 위원회의 위원들은 고용인들에 의해 선출이 되며 고용인들로부터 모금을 합니다. 고용인들이 특정후보를 지목하지 않으면 PAC가 지지후보 및 기부액을 결정하게 됩니다. 어떤 사람들은 PAC가 기업, 노조, 사업단체들이 정치에 참여할 수 있는 방법이므로 바람직하다고 생각하고 또 다른 사람들은 어떤 후보자가 당선이 되는가에 대해 특정 그룹이 너무 많은 영향력을 행사하므로 나쁘다고 생각합니다. 이러한 모든 사항을 염두에 둘 때 당신은 PAC를 좋다고 생각합니까? 나쁘다고 생각합니까?"

이 질문서에 대해 응답자의 42%가 PAC에 대해 '나쁘다'라고 대답했고, '좋다'고 대답한 응답자는 23%에 불과했다. 이와 똑같은 질문서에 단지 PAC가 기업에 의해 설립됐다고 설명한 내용을 삽입했을 때는 45%가 PAC는 '나쁘다'고 대답했고, '좋다'는 대답은 17%에 불과했다.

그러나 문제는 많은 일반인들은 PAC에 대한 이해가 부족하다는 사실이다. PAC 보고서들에 따르면 설문지 응답자 중 1/3 미만의 사람들이 PAC에 대해 자세히 알 뿐 나머지는 잘 모른다고 답했으며, 응답자 중 44%는 PAC를 정당, 후보자의 개인단체, 이익단체, 혹은 정부의 선거운동 단체로 알았다고 답했고, 25%는 전혀 모른다고 답변한 것으로 나타났다.

미국에 오래 거주하고 미국의 정치상을 알 만한 한인들도 PAC에 대한 협조를 요구하려면 장황한 설명이 필요할 만큼 PAC 자체에 대해 모르는 한인들이 대부분이다.

특히 매스컴은 PAC의 부정적인 이미지를 더욱 고착화하는 데 큰 역할을 했다. 매스컴 종사자들은 1980년대 들어 선거기간마다 PAC를 '특별이익단체'로 부각시키는 기사로 채우기 시작했다. 지금은 과거보다 많이 나아졌지만 그때까지만 해도 PAC의 반대자들이 뉴스 보도를 독점하고 있었기 때문에 PAC에 대한 부정적 시각이 대중들에게 그대로 전달됐다.

한편 일반 대중들은 여성단체나 환경단체의 영향력 행사를 바람직하다고 보고 있으며 그들의 PAC에 대해서도 긍정적으로 평가하고 있다. 반면, 노조나 기업은 정치에 참여하는 것이 바람직하지 못하다고 생각하고 있고 따라서 그들의 PAC들도 낮은 호응도를 얻었다.

특이한 사실은 PAC라는 단어를 사용한 것만으로도 지지율이 6~7%나 떨어졌다는 것이다. 특히 대기업의 정치참여에 대해서는 아주 부정적이었다. 그러나 일반 시민들이 과연 PAC를 부정적으로 보는지는 아직 확실치 않다. 왜냐하면 수많은 미국 시민들이 PAC를 만든 단체들에 소속돼 있기 때문이다.

갤럽 여론조사에 의하면 전체 미국인 중 26%가 16개의 '특별이익단체' 중 하나 이상씩에 소속이 돼 있거나 후원하는 것으로 나타나 있다. 또한 이익단체들은 정당들보다 더 많은 대중의 사랑을 받고 있는 것으로 나타났다. 대정부 자문위원회의 요청으로 이루어진 갤럽 여론조사에 따르면 일반 시민 중 45%는 정당보다는 기업이나 노조를 포함한 특별이익단체들에 의해 정책이 반영되고 있다고 믿고 있고, 그 반대는 34%에 불과한 것으로 나타났다.

이익단체, 특히 정치적인 이익단체에 참여하는 대중들의 수는 확실히 증가하고 있다. 또 그러한 대중들의 참여가 PAC 성장의 밑거름이 되고 있는 것이다.

후보자들에 대해 기부를 한 인구비율은 1950년대와 1960년대에는 10%, 1976년에는 16%, 그리고 1980년에는 38%, 1992년엔 40% 이상으로 증가했다. 이러한 증가추세는 소득세법 즉 대선후보를 위한 공기금의 납세자들이 세금 중 3달러를 기부할 수 있도록 하는 법개정이 큰 원인이었지만 PAC들의 기부금 증가에서도 그 원인을 찾아볼 수 있다.

1992년에 이르러서는 후보자에게 기부한 사람들의 숫자를 모두 합친 전만큼이나 많은 사람이 PAC에 기부했으며, 그 숫자는 정당에 기부한 사람들의 거의 2배에 달하고 있다. 결론적으로 여론조사나 설문조사에서 사람들이 PAC에 대해 부정적으로 평가한 것은 언론의 보도를 그대로 반영했던 것으로 해석된다.

현실적으로 PAC에 대한 일반적인 견해는 그룹들에 따라서 크게 다르고, PAC에 참여하거나 기부하는 사람들의 숫자가 크게 증가했다는 것에서도 여론조사의 단순한 결과와는 달리 대중들은 PAC에 대해 양면적인 견해를 갖고 있음을 알 수 있다.

PAC 한계와 투표매수 논란

모금액을 가장 많이 조성한 10개의 PAC 중 8개의 PAC는 비단체들에 의해 조직이 되었고, 전국보수정치위원회(NCPAC)가 가장 많은 모금액을, 노스 캐롤라이나 공화당 상원의원인 헬름즈에 의해 조직된 전국의회 클럽이 그 다음을 차지했다.

가장 많이 돈을 모금한 비단체 PAC들은 이념단체이거나 대선출마 가능성이 있는 특정후보를 지원하는 PAC들이었다. 또한 상업단체 PAC인 부동산협회 PAC와 전미의학협회 PAC 등 2개 PAC가 상위권을 차지했다.

PAC는 특정집단의 정치적 이익을 보장받고 싶어 하는 미국식 이익집단 정치의 결정체인 만큼 정치환경의 변화에 민감하게 반응한다. 1994년 선거 전까지 미국 의회는 민주당에 의해 장악돼 있었다. 이 때문에 많은 PAC들은 민주당의 정치노선과 맞지 않으면서도 민주당이나 민주당 소속 정치인들에게 우선적으로 기부했다. 그런데 1994년 선거에서 공화당이 상·하원을 모두 장악하자 1995년부터는 상위 20개 PAC 거의 전부가 공화당 지원으로 돌아섰다.

KAPAC 미주한인정치활동위는 주명룡 회장의 영주 귀국으로 자연스럽게
2세 한인들에게 대물림하게 됐다. 대부분 미국 시민권자인 1.5세나 2세 자녀들은
미국 유권자로서 투표할 수 있었으나 참여율이 낮았다.
또 1세 초기 이민자보다 한인들의 단결력이나 정치 세력화에 민감하지 않았다.

이처럼 PAC 영향력이 커지면서 대형 PAC의 비위를 거스르지 않으려는 정치인들의 행태로 인해 미국 민주주의 정치가 왜곡될 소지가 있다는 지적을 받고 있어 PAC 제도에 기부금액의 상한선을 두자는 주장이 제기되고 있다. 하지만 정치 비용이 갈수록 늘어만 가는 정치인들에게 PAC 뭉칫돈은 큰 매력일 수밖에 없어 PAC 영향력 비대 관련법 개정이 여러 차례 논의되었으나 번번이 봉쇄되었다.

그러면 과연 PAC는 입법과정에서 기부금을 이용, 의원들의 투표권을 매수하는 것일까? 여러 자료들을 종합해 보면 PAC의 기부금은 미의회의 결정 과정에 일정한 영향을 미치고 있는 것만은 틀림없다. 그 중에서도 특수한 조건 하에서만이 PAC 활동에 의해 입법 결과에 결정적인 영향을 미치게 된다. 우선 대중에게 잘 알려지지 않은 이슈일수록 PAC에게 유리한 결정이 날 확률이 크다.

PAC 기부금은 미의회 결정 과정에 영향을 미치고 있다.

한 예로 의료분야 종사자들에게 유리한 연방거래법안이 하원을 통과해 상원으로 넘어갔을 때 매스컴의 집중적인 시선을 받게 되었다. 한편 소비자들은 연방거래법안의 불공평함을 매스컴을 통해서 알게 되었을 때 의사와 치과의사 PAC들은 더 이상 의원들의 의견을 이끌고 나갈 수 없게 되었다.

결국 연방거래법은 상원에서 59대 37로 여지없이 부결되고 말았다. 이것은 보이지 않는 이슈일수록 PAC에게 유리하다는 것을 입증하고 있고, PAC는 입법초기에는 큰 영향력을 발휘하지만 일반에 많이 공개되는 후기에는 약화된다는 것을 뜻한다.

둘째, PAC들의 기부금은 법안이 특정적이고 제한적인 문제를 다룰 때, 또 대립되는 단체가 적을 때보다 큰 힘을 발휘하게 된다. 광범위한 국가적 이슈들, 즉 엘살바도르에서의 미국 정책 문제, 또는 MX미사일에서의 신경가스 사용여부 같은 문제에 대해선 PAC 영향력이 미미하다.

셋째, 의회에 대한 PAC 영향력은 큰 규모의 PAC들과 작은 규모의 PAC들이 연합했을 때 더욱 강해진다. 최근의 경향을 보면 PAC 성향이 다름에도 불구하고 영리단체 PAC와 노조 PAC가 연대해서 광범위한 문제에 대응하게 된다.

그 문제들은 국방비 예산으로부터 무역정책, 환경보호, 해운법, 운송법, 그리고 핵문제에 이르기까지 매우 다양하다. PAC들의 연대는 큰 영향력을 발휘한다. 예를 들면 트럭운송산업에 대립하기 위해 철도산업 분야의 여러 PAC들이 서로 연대해 자금을 모아 투쟁한다. 특히 은행, 석유, 운송 등 한 분야의 산업들이 자신들의 고정이익을 위해 결합하는 경우가 많다. 한 개의 PAC는 5000달러밖에 기부할 수 없지만 PAC 결합 기부액은 상당액에 이르고, 의원 후보의 선거 결과를 좌지우지할 수 있다.

어떤 PAC들은 정치권에서 자신의 세력을 확장하기 위해 무척 실용적인 노선을 취하기도 한다. 트럭운송협회 PAC는 "어떤 후보를 지지하고 싶은데 다른 PAC들이 그 후보의 지나친 좌익성을 문제 삼아 지원을 하지 말라고 할 때 오히려 그 같은 정치적 견해를 버리라."고 말한다. 즉 트럭 운송업에 도움이 되는 사람이라면 누구라도 저녁을 살 수 있다는 입장이다.

결론적으로 PAC들은 입법과정에서 영향력을 끼치고 있고 종종 PAC들은 입법과정에서 결정적인 역할도 하고 있다. 당선되고자 하는 후보는 누구나 엄청난 현금을 필요로 한다. 그리고 PAC 기부금은 현재나 미래에도 현직 의원이나 후보들이 쉽게 얻어 낼 수 있는 돈이기 때문이다. 그러나 돈보다는 다른 요인, 즉 의원의 소속 정당, 자신의 정치적인 견해, 지역구민의 요구 등이 의원들의 투표방향을 결정하는 데 보다 중요한 역할을 한다는 사실을 잘 알고 있다.

미국 이스라엘 정치활동위원회(AIPAC)

미국 이스라엘 공공문제위원회 또는 정치활동위원회(AIPAC)는 미국의 유대인 로비 단체이다. 재미 유대인 7명에 의해 1947년 워싱턴 DC에서 시작되어, 1953년 정식 로비 단체로 확대되었다. 유대인의 단결을 통해 미국의 친(親)이스라엘 정책을 유지·확대하는 것을 목표로 한다. AIPAC은 435개 연방 하원 선거구 모두에 관련 조직이 있다. 연례총회 마지막 날에는 그동안 미국 의회 내 활동을 분석해 AIPAC에 우호적인 활동을 벌인 의원들을 성적순으로 발표한다. 4년 임기의 회장은 미국 대선보다 1년 먼저 선출해서 미국 대선과 긴밀하게 연결되도록 한다. 650만 재미 유대인 가운데 2만여 명이 핵심적으로 재정에 기여하고 100달러 이상의 기부금을 내는 회원도 30만 명에 달하는 것으로 알려져 있다. 재미 한인 동포 사회에도 이스라엘의 AIPAC과 같이 미국 정치·사회에 영향력을 행사할 수 있는 공식적인 조직이 생겨나길 기대해 본다.

부록 :
고용복지연금선진화연대
토론회 및 성명

고용복지연금선진화연대는 대한민국 정당이었다. 2014년 9월에서 2017년 9월까지 존속했다. 필자가 창당해 당 대표를 하면서 서구식 비례대표제 도입과 노령사회 제도개선을 목표로 활동했다.

총선과 대선을 직접 치르고 경험하면서 정당 활동보다 NGO 활동이 더욱 파급력 있고 당위성을 가질 수 있다는 값비싼 경험을 치렀다. 그렇다고 아주 포기한 것은 아니다. NGO 영역에서 정치개혁에 대한 염원은 계속 담아 낼 것이다.

부록은 정당의 정석처럼 고용복지연금당이 지속적으로 소리쳐 온 의견 또는 성명 및 토론회 일부를 수록했다.

고용복지연금선진화연대 대국민 토론회

제1차 대국민 토론회(프란치스코 회관, 2015. 7. 28.)

"당신은 행복하십니까?" 고용복지연금선진화연대 1차 시민토론회가 28일(화) 2시부터 프란치스코 회관에서 개최됐다.

참여 시민 중심으로 진행된 토론에서 14명의 발언자들은 행복에 대한 개인의 의견을 제시하면서 "행복은 마음먹기에 달렸다. 그러나 현실 생활이 어려운 상태에서 행복하기는 어렵다"고 말했다.

고용복지연금선진화연대(대표 주명룡)는 서민, 중산층, 시니어의 삶의 질을 높이기 위한 정책개발 정당으로 합리적 진보와 개혁적 보수를 아우르는 소통과 화합을 바탕으로 활동하고 있다.

제9차 대국민 토론회(고복연 교육회관, 2016. 1. 26.)

고용복지연금선진화연대(ewpac,대표 주명룡)는 2016년 1월 26일(화) 오후 2시 고용복지연금선진화연대 교육회관에서 제9차 대국민토론회 경력단절 여성을 위한 "엄마의 두 번째 출근"을 개최하였다.

주제 발표자로 나온 이미숙 씨는 21년 경력단절 후 47세에 재취업에 성공한 여성으로 재취업의 어려움뿐만 아니라 취업 후에도 가사와 공부 등으로 어려웠던 경험을 이야기하였다.

청중토론에서는 대부분 토론자들이 여성이 재취업하기 위해서는 가족의 지지와 가사분담이 필수라고 이구동성 입을 모았다. 또한 활동적이고 교육받은 시니어들이 맞벌이가구의 자녀들을 돌볼 수 있는 사회적 시스템이 갖춰진다면 시니어 일자리와 맞벌이가구의 자녀 돌봄 문제가 해결될 것이라는 의견도 많이 나왔다.

제17차 대국민 토론회(고복연 교육회관, 2017. 3. 20.)

3월 20일 국제행복의 날에 비춰 보는 "지금 우린 어디에 있나요?" 제17차 토론회가 20일 오후 고용복지연금 중앙당 교육장에서 실시됐다.

대통령 파면, 미, 중, 일에 둘러싸인 국제정세, 끊임없는 북의 도발 행동, 치솟는 실업률, 대통령 병에 걸린 정치인의 표퓰리즘 등 다가오는

5월 대통령 선거 등 일상생활에서 겪는 시민들의 생각을 듣고 나눠 보는 대화의 시간이었다.

주명룡 대표는 "행복의 날" 제정을 위해 2년간 관련 부처별 활동을 해 왔지만 정부의 무관심으로 진척이 없다. UN 회원국 193개국이 서명하고 기념하는 대한민국이 국민행복에 대한 기념적 의미이자 기본적 행동에 관심이 없다는 현실에 무척 실망한다. 그래도 언젠가는 같이하리라 기대한다고 말했다.

토론에 앞서 주명룡 대표는 "가난을 겪어 본 나이 든 세대는 인간의 가장 기초적 행복은 의식주에서 시작된다는 것을 잘 알며, 특히 배고픈 상태에서 행복을 논하기는 어렵다, 갤럽이 50년간을 두고 1500만 명을 대상으로 조사한 결과도 첫째 '직업'과 둘째 '재정적 행복'을 들어 결국 경제적 행복이 압도적으로 인간이 추구하는 기본 현상이다"고 강조했다.

그리스가 망한 진짜 이유

- 2015. 7. 19.

유럽 정세에 거세게 맞서 나가던 그리스가 이젠 꼼짝없이 채권국에 손을 들었다. IMF와 채권국의 구제금융 긴축 안을 받아들이기로 했고 그리스 의회는 이를 통과시켰다. 노년층의 연금감축, 부가세 인상, 예산삭감 등으로 채권국의 요구를 그대로 받아들인 셈이다.

세계 각국이 바라보는 그리스라는 나라는 이젠 정말 몰염치한 국민에 형편없는 정치인과 정부로 각인되었다. 아마, 역사가 한 바퀴 돌지 않는 한, 오랫동안 세계인들로부터 비난받는 나라로 전락해 버렸다. 40대의 젊은 총리 치프라스의 정치수명도 앞날을 보장할 수 없고 이 모든 결과는 결국 표퓰리즘의 극치를 초래한 정치권과 이를 "좋아라" 하고 즐긴 국민들이 공범이다.

우리는 흔히 그리스 사태를 보면서 그리스가 망한 이유를 과대한 복지 부담으로 알고 있다. 모든 언론이 그렇게 보도하고 있고, 관련 학자들도 그렇게 말하고 있다. 그렇지만 우리 사회가 진짜 그리스가 망한 이유를 알아야 하고, 왜 언론이 모를 리가 없는데, 국민들에게 알리질 않나…? 그리스가 망한 진짜 이유를 우리는 알아야 할 것이다.

그리스가 망한 이유는 그리스 언어로 'fakelaki', 즉 '작은 봉투'라는 것에서 모든 것이 기인한 것으로 선진국들은 말하고 있다. (왜, 우리나라에선 이 사실이 국민들에게 알려지지 않는지 의문스럽다.) 즉, 사회 복지 부담 때문만이 아니고, 공무원이 많아서도 아니고, 'fakelaki-작은 봉투' 때문이다. 감사 표시로 건네는 작은 봉투가 생활화 돼 부패의 온상이 되어 버렸다. 우리 사회에서도 촌지라는 말이 한동안 유행했었다. 슬그머니 이 말이 사라진 것 같은데 다른 유형의 부패가 자라고 있을 것이다.

그리스 국민은 fakelaki에 젖어 산다. 이 관습에서 벗어나 사회활동을 할 수 없다. fakelaki는 뇌물이 아니다, 라고 그리스 법은 말하고 있으며, 이제 겨우 그리스는 국제부패감시위의 권고안을 받아들여 변화하려는 모습을 보이고는 있다.

그리스 사회는 노골적으로 작은 봉투의 액수를 정하고 있다. 즉, 50유로에서 100유로 사이를 말한다. 요새 유로 환율이 1,260원쯤 하고 있으니 6만 3천 원에서 12만 6천 원쯤 될 것이다.

그리스 국민으로서는 정말 부끄러운 통계이지만 그리스 공무원들은 1일 평균 5명으로부터 fakelaki를 받는다. 액수로는 하루에 250유로에서 500유로다. 한화로 31만 5천 원에서 63만 원을 받으니 한 달에 6,250유로에서 12,500유로가 된다. 역시 한화로 계산해 보면, 787만 5

천 원에서 1,575만 원을 작은 봉투로 받으니 나라가 망하는 이유가 드러나는 것이다.

아예 fakelaki 가격표가 있다. 병원 수술 시 작은 봉투에 들어가는 액수는 경중에 따라 100유로에서 30,000유로, 세무서 일 처리는 300유로에서 10,000유로, 건축허가 공무원에게는 200~8,000유로, 보건소 직원에게는 150~7,000유로, 자동차 검사 시 20~100유로이다.

설상가상으로 2013년 4월, 그리스 의회는 "감사표시인 작은 봉투는 뇌물이 아니다"라는 법을 통과시킨다.

이집트, 이탈리아, 그리스 등은 선조들이 남긴 문화유산의 혜택으로 살아가고 있다. 수많은 선조들의 고혈을 짜낸 그 산물인 피라미드나 콜로세움 같은 것으로 후세대가 먹고살다니 역사의 역설이다. 그리스 정부가 채권단을 상대로 곡예외교를 펼치고, 국민을 우롱해 국민투표에 부치고, 그 기세를 몰아 채권단과 마주 섰지만 국제사회는 용서하지 않았다.

유명한 일화가 있다. 아테네의 한 광장에서 사회당의 팡갈로스 전 부총리가 연설을 하는데 청년들의 질문이 쏟아졌다. "지난 10여 년간 끌어들인 그 많은 외채는 다 어디 갔느냐?" 총리의 대답은 "우리가 함께 먹어치우지 않았느냐."였다.

정치하는 사람들의 윤리적 자세가 더욱 요구되는 때이다. 결국 국민은 국민 수준에 맞는 정부를 갖는다는 말을 실감한다. 국민, 정치권이 무섭게 깨어나야 한다. 그렇지만 돌아가는 한국 정치현상은 더욱 꼬이는 것 같고, 앞날은 밝아 보이지 않다. 돈이 모자라 추경을 하는 마당에 선심성, 표퓰리즘 법안이 난무하고 있다. 추경 예산 작업하는 과정에 출신 지역구의 사업을 위한 쪽지 예산이 돈다는 보도는 이런 국회의원들이 제정신인가 분통이 터지게 한다.

올해 초 정부는 3.8% 경제 성장 전망치를 내놓았다. 그러나 대부분의 평가는 IMF처럼 달성하기 어렵다고 진단했다. 결국 정부는 이제 메르스니 가뭄이니 하면서 한국은행은 2.8% 전망치를 내놓고 있다. 한 나라의 경제 전망치가 전쟁을 치르거나 천재지변이 나지도 않았는데 이렇게 변한다는 것은 수치스럽다.

노령화라는 거센 파고에 들어선 지금, 과거 성장기처럼 평균 10%대의 경제성장은 GDP 수천달러 시대 때의 일이 되었다. 이제 저성장, 저생산, 저고용, 저금리, 저출산 등 온통 '저'로 시작되는 사회에 정직한 국가 운영이 살 길이라는 것을 그리스에서 배운다.

보수는 부패로 망하고 진보는 분열로 망한다는 한국 정치 진단이 맞아가는 현실에 국민의 수준 높은 행동이 요구된다. 프랑스 정치인 토크빌의 말을 다시 인용한다. 미국 사회를 몇 달간 시찰하고 프랑스로 돌아온 토크빌은 "국민은 국민 수준에 맞는 정부를 갖는다." 말했다.

정치권이 안 변하면 국민이라도 변해야 한다!

여야 양당은 선관위 권고 권역별 비례대표제를 받아들여라!

- 2015. 8. 6.

국회 불신 원인 국회가 자초한 일

양당에 유리한 선거구 획정 꼼수. 또 국민 유린

비례대표 한 명 내려면 60만 표 이상 얻어야

선관위 권역별 제도 제안 정치 발전 기회

소수정당 기회 줘야 정치 발전

국민 의견 물어 국회 갈 길 결정하자!

대한민국 국회에 대한 국민 원성이 뒤끓고 있다.

날만 새면 국회의원 비리 뉴스가 하늘을 찌른다.

오죽하면 '국해의원'이라고 부른다.

오늘의 국회 불신은 국회가 자초한 일이다.

국민이 뽑아 보낸 국민 종복이 엉뚱한 권력잡이가 되고 당리당략에 국민은 안중에 없고, 비싼 세비 받으며 일은커녕 툭하면 국회 공전이다.

국회 존재가 오히려 나라 발전에 걸림돌로 인식되고 있다. 인간이기에 함량 미달인 의원에, 끝없는 종북 논란, 패거리 투쟁, 특권 유지에 국민의 정치혐오는 증오로 변하고 있다.

이 모든 원인제공의 장본인은 이 나라 정치의 질을 떨어뜨리고 심화시킨 국회의원들이다. 국회를 없애자는 여론이 들끓어도 부끄럽지도 않다.

국민 의견 물어 국회 갈 길 결정하자!
양당에 유리한 선거구 개편은 국민을 또 유린하는 것이다. 헌재의 헌법불합치 결정에 따른 선거구 획정은 인구편차를 따져 지역구만 조정하면 된다. 하지만 거대 양당은 첨예한 이해관계로 꼼수를 부리고 있다. 국회의원 정수 300명이든 권역별 비례대표 건 이 모두가 기득권의 이해득실에 따른 계산 논리다. 이 판에 피멍 드는 곳이 원외 소수 정당이다.

한마디로 비례대표 줄이고 지역구 늘리자는 속셈은 과 반석 유지하며 소수정당 너희들은 끼지 말라는 얘기다. 비례대표는 직능별 전문가로 채워 지역구의 한계를 보완하는 괜찮은 정치 제도다.

한국에서 비례대표 한 명을 내려면 정당투표 60만 표 이상을 얻어야 한다.
이렇게 힘든 일이다.
정당투표 획득도 현행 3%에서 2%로 내려 소수정당이 내놓는 인물이 국회로 용이하게 진입하는 길을 터 줘야 한다. 정치 역사가 깊은 스위스는 1% 미만도 의원이 배출되기도 한다.

소수정당 참여로 정치가 변해야 한다.

선진국에서 미국, 일본 빼고는 한국의 인구 비례 국회의원 수는 적은 게 현실이다. OECD 34개 회원국 평균치보다 의원 1인당 6만 명가량 많은 인구 수치다. 극단적인 예지만 인구 1,100만의 그리스는 국회의원이 300명이다.

국민 64%가 내년 총선 때 새 인물로 바뀌길 소망하고 있다.

발전 없는 양당 구조의 정치 양극화에 국민은 지치고 피곤하다.

국회에 절절히 속아 온 국민은 의원 수만 줄이면 되는 줄 안다. 정치권의 국민 피로가 엉뚱한 화로 되돌아와 정치변화 시도해 보려는 소수정당 진입을 막고 있다.

180년 전 미국을 9개월간 시찰한 프랑스의 정치학자 알렉스 토크빌은 "국민은 그들 수준에 맞는 정부(정치)를 갖는다"고 말했다. 국민 수준은 높아 보이는데 정치권이 문제다. 이제 국민 수준을 다음 선거에서 알아볼 때다. 국회불신은 기득권 양당이 저질러 왔는데 국민이 속상해하고 애매한 원외 소수당이 멍든다. 새누리당, 새정치연합은 선관위가 내놓은 정치 발전제안에 이해득실에 따른 투정을 버리지 말고 받아들이길 강력히 촉구한다. 그래서 소수 원외정당에도 정치참여 기회를 열어 줘야 할 것이다.

전문 소수정당의 길을 열어 줘라!

- 2015. 8. 26.

20대 국회의원 선거구 획정에 대한 고용복지연금선진화연대 촉구!

헌재판결에 의한 국회의원 선거구 획정안 마련이 여야 양당의 득실에 따른 주장으로 방향을 잃고 있다. 국회정개특위는 그 책무를 획정위원회에서 결정하라고 돌려보냈다. 책임 회피다.

고용복지연금선진화연대는 국회 및 국회의원에 의한 불신, 불만, 정치혐오를 또다시 개탄하며, 의회민주주의 발전을 위한 고복연의 주장을 전달한다.

국회진입에 소수전문 정당의 길을 열어 줘라!

의회 민주주의가 발달한 유럽 선진 국가들은 다당제로 운영되며 소수정당의 국회진입 기회를 용이하게 해 주고 있다. 다당제의 바탕은 정당명부식 비례대표제다.

조사에 의하면 한국과 유럽 주요 국가의 선거에서 국민의 의사가 반영되는 선거비례성은 한국이 최하위다. 지난 30년간 한국과 주요 유럽 선진국의 총선 결과치를 비교해 보면 약 22:2로 한국이 11배나 높게 유권자 표가 의석수로 반영되지 못하고 있다.

국민이 투표한 한 표의 등가성을 높이기 위한 개선책이 절실히 필요하다.

새로운 정책 도입에서 우리가 자주 인용하는 일본이나 대만 두 나라를 보더라도 국회 비례제의석이 두 나라 평균 36.5%에 이른다. 18.7%인 한국의 두 배 정도로 비례제 의석이 많다. 일본이 의석 480석 중 비례대표 180석, 대만이 113석 중 비례대표 40석이다. 같은 비율로 보면 한국 국회는 110명의 비례대표제 의석을 가져야 한다.

국민의 의사에는 반하지만 의원 정수 확대가 필요하다.

비례제 확대에 대한 의견은 정치학자 75% 이상이 주장하고 있으며 ngo들도 찬성 주장으로 돌아서 있다. 선거획정위원회는 어려운 결정을 해야 하며, 중앙선거관리위원회는

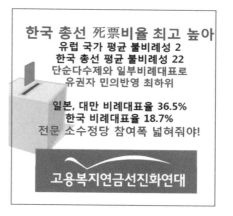

꼬여진 국민여론 계몽에 나서서 무엇이 우리 미래를 위해 좋은 것인가 설득해야 한다.

전문 소수정당의 국회 진입은 고질적인 양당 문제, 지역문제를 해결하게 되며 표의 등가성을 살리고 민주적 정당정치의 활성화를 가져오게 된다. 지금 이 기회는 우리 사회에 찾아온 절호의 기회이며 진정한

의회 민주주의 발전에 한 획을 그을 수 있는 정치적 결정을 내려야 할
때이다.

정치권, 대한민국 정치개혁 기회 준 헌재판결 아전인수 말아야

- 2015. 8. 31.

"정당도 후보입니다."

정당에 대한 투표도 후보에 대한 투표와 같다는 얘기다. 지금 대한민국 정치가 헌재 판결로 국민이 던지는 한 표 한 표가 모처럼 그 가치를 살려 낼 수 있는 계기를 맞고 있다.

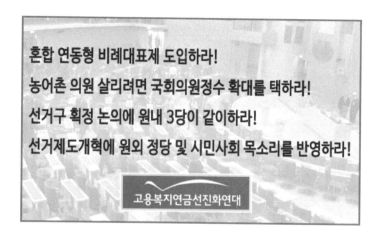

그런데 기득 정치권은 정치개혁의 이 기회를 아전인수로 국민들이 받아들일 수 없는 우격다짐의 논리를 펼치고 있다.

지역구를 늘릴 수밖에 없으니 비례대표를 줄이겠다는 새누리의 주장이나 권역별 비례대표제를 주장하는 새정치나 모두 그들만의 리그로 국민은 안중에 없는 자기 마당을 지키고 늘리기 위한 계책일 뿐이다.

지역구 출신 국회의원의 지역대표성은 상실된 지 오래이다.

거대 양당 정치는 개개인 국회의원의 의견은 없고 계파에 따른 거수기 역할만 할 뿐이기 때문이다.

국회의 일탈에 지친 국민들은 국회의원을 줄이면 해결될 줄 알고 있다.

정치권에 대한 국민 불신이 감정적으로 의원을 줄이자고 하는 것은 현역의원과 부패 정당의 기득권을 강화시키며 그들만의 의회 독재를 심화시킬 뿐이다. 그러니 의원을 줄이면 줄일수록 기존 거대 정당은 더 많은 권력을 갖게 되며 국회의원이나 국민에 대한 갑질은 더욱 커질 뿐이다.

이제 우리 정치에 다양한 형태의 정당이 출현해 적절한 견제와 연대가 일어날 때 정치가 맑아지고 투명한 사회로 발전할 수 있을 것이다.

지구상에서 모범적 나라로 우리에게 잘 알려진 독일, 뉴질랜드 등 선진 국가들 정치 시스템을 보자. 그들은 하나같이 여러 형태의 정당이 활동하고 있으며 혼합비례대표제(MMP)를 운영하고 있다.

비례대표 선출 의원을 거저먹는 의원으로 국민들은 알고 있다.

현 제도에서 비례대표제 국회의원을 한 명 배출하려면 정당은 66만 표 이상의 득표를 해야 한다. 여기서 '정당도 후보'라는 말이 나온다. 10여만 인구를 대상으로 뽑는 지역구보다 더 큰 선거의 의미를 갖는다. 전문성을 띤 잘 선택된 비례대표 의원은 지역 출신 의원처럼 표를 준 지역 주민 눈치 볼 일 없이 더 많은 활약을 할 수 있으며 현재도 하고 있다.

정작 알짜 법안은 각 전문 분야 출신 비례대표들이 더 많이 만들어 내고 있다.

기득정치권은 헌재의 판결로 모처럼 찾아온 정치 발전의 기회를 후퇴시키는 몰지각한 행동을 버리고 정치 발전의 기회를 택해야 한다.

혼합형비례대표제는 여러분이 던진 한 표 한 표를 살려 낸다.

49%가 다 먹고 51%는 반영되지 않는 승자독식 선거제도는 개혁되어야 한다.

다양한 정치학자, 시민사회단체가 원하고, 국민이 던진 소중한 표의 사표 발생을 차단하고, 한 표의 등가성을 높여주는 뉴질랜드나 독일식 혼합형 비례대표제 선거제도를 선택할 때이다.

이 기회를 놓칠 수 없다.

국회의원 정수를 늘리든 줄이든 지역구 대 비례 균등한 배분에 민의가 살아나는 혼합비례대표선거제도 도입을 거듭 촉구한다.

- 혼합 연동형 비례대표제 도입하라!
- 농어촌 의원 살리려면 국회의원 정수 확대를 택하라!
- 선거구 획정 논의에 원내 3당이 같이하라!
- 선거제도개혁에 원외정당 및 시민사회 목소리를 반영하라!

농촌의원 증가는 국회의원 정수 증가로 가야!

– 2015. 9. 29.

헌재의 판결로 논의되기 시작한 선거구 획정 작업이 기득권정당의 득실 게임으로 서로 주고받는 나눠 먹기식이 돼 가는 형국을 띄고 있다. 부산에서 만난 김무성 대표와 문재인 대표의 회동은 그동안 양당이 주장해 온 총선 룰에 대한 양당의 입장을 재확인해 준 셈이다.

고용복지연금선진화연대(고복연, 대표 주명룡)는 2014년 10월 30일 대한민국 헌재가 판결한 인구편차 기준을 존중해 더 이상 이해할 수 없는 이상한 논리의 우격다짐식 주장을 철회하라고 촉구한다.

김무성 새누리당 대표는 "헌재 판결에 따른 2:1 기준대로 하다 보니 농촌지역 의석이 너무 많이 줄어든다"며 지역구를 늘리고 비례대표를 줄이자고 지난 7월 미국 방문 때 부터 주장해온 논리를 계속 펼치고 있다.

　농촌지역 인구편차는 2000년 노령사회로 들어선 한국 사회가 이미 겪고 예상되어 온 일로 날로 줄어드는 인구 감소에 대해 집권당과 출신 지역 의원들이 인구감소 예방 활동을 펼쳐 와야 했었다.

　국민감정을 건드리지 않고 현행 의석수를 유지하는 체하면서 가장 손쉬운 방법인 비례대표제를 줄이자는 논리는 약육강식의 논리로밖에 이해할 수 없다. 그나마 전체 의석의 18%라는 낮은 의석으로 의미 있는 비례대표제를 보이고 있는 한국 의회제도의 역행이며 대의민주주의 관점에서도 결코 바람직하지 않다. 농촌지역 의석을 늘려야 한다면 당연히 전체 국회의원 의석을 늘려야 한다. 그리고 같은 비율로 현행 비례대표제 의석도 늘려야 한다.

　즉, 늘리려면 지역, 비례 다 같이 늘리고, 줄이려면 지역 비례 같이 줄여야 한다. 공정한 게임의 룰이다.

　상식적으로 인구가 적은 지역은 지역 대표수도 적어지는 게 지극히 당연한 논리다. 지방자치제의 발달로 지역에는 4천 명에 이르는 시, 도, 군 지역대표들이 선출되어 활동하고 있다. 국회의원의 지역대표 의미는 점점 감소하면 했지 늘어날 일이 없다. 예로, 국회에서 지역 출신 의원의 활동과 전문 비례대표 의원의 활동을 비교해 보라. 이제 양당은 국민들께 솔직히 속내를 꺼내놓고 의석 증가의 필요성에 대한 국민 이해를 촉구해야 한다.

대한민국 의회에는 의석을 가진 정당이 3곳이 있다.

크든 작든 국민에 의해 선출된 정당에 대한 배려는 국민에 대한 기본 예의다. 선거구 획정 과정에서 양당은 정의당과 같이 의논하는 아량을 갖길 촉구한다.

행정구역이라는 것은 행정편의상 정부가 정해 놓은 것일 뿐이다. 인구감소 지역에서 행정구역에 얽매일 필요가 없다. 지역 인구가 적으면 통합해 나가야 한다. 집권당이나 해당 지역 의원은 지역 부흥에 힘써 인구를 늘려 나가는 것이 당연히 해야 할 일이다.

양원제인 미국에서 인구 편차가 63배나 차이 나는 캘리포니아주나 버몬트주는 같은 수의 상원의원을 갖고 있다. 연구해 볼 일이다.

차제에 독일식 1:1 혼합정당명부제나 네덜란드, 뉴질랜드식의 완전 비례대표제 도입을 정치권은 논의해 나가야 할 것이다. 헌재 판결로 인해 찾아온 선거구 획정 기회를 이제 불신 국회를 개혁할 수 있는 기회로 만들어 가야 한다.

말이 안 되는 논리로 지역구 의원을 늘리고 그 희생을 비례대표 축소로 가자는 주장은 당장 철회해야 한다.

100명이든 600명이든
국회의원 의석수 정하고 선거 임하자!

- 2015. 11. 9.

선거게임 룰도 못 정하는 여야 정당 지도부.

100명이든 600명이든 국회의원 의석수 정하고 선거에 임하자!

20대 국회의원 선거일이 불과 150여 일 남았다.

선거구 획정 위원회가 국회에 국회의원 정수에 대해 의견을 보내 달라고 최후 문서를 보냈지만 13일을 4일 앞두고 쫓기듯 진전 없는 여야 관계자 회의만 열리고 있다. 여야의 당리에 맞지 않으니 쉽게 결정이

국회의원 수, 정하지 않고 선거에 임할 것인가?
(5차토론회)

날 수 없다.

국회의원 정수나 비례대표 수 결정은 국회 몫이다.

'고용복지연금선진화연대'는 그 국회의 몫이 획기적인 정치 발전을 가져올 수 있는 선거구 획정 및 의원 선출 방식이 이제 유럽식으로 변화되기를 촉구한다.

우리 정치 제도는 역사적, 정치적 배경의 이유로 미국식 선출 의원제도로 시작해 유럽식 비례대표제를 섞어 의회를 운영해 왔다.

그러나 현재 국회의원 정수 300명의 18%뿐인 비례대표제는 셋방 사는 임시 의원직처럼 치부되어 양당의 지도부나 국민들로부터 있어도 그만 없어도 그만인 제도처럼 인식되어 왔다.

대표적인 사례가 비례대표를 줄여 농촌의원을 살려 보겠다는 여당의 노골적인 표현에 아연실색할 뿐이다.

비례대표의 전문성은 회기마다 증명되고 있으며 우리나라 정치학자들이 왜 전국 단위 비례대표제나 독일식 혼합 선거제(지역 반, 비례 반)를 강력히 권고하고 있는지에서 알 수 있다.

현 정권의 꽃인 장관들이 줄지어 사표를 내고 있다.

국회의원에 출마하기 위해서다. 장관보다 의원직이 더 좋은가?

일반 국민으로서 납득하기 어렵지만 분명한 것은 국회의원 직이 장관직보다 더 나으니 장관직을 벗어던지는 모양이다. 무책임한 이들의 행위나 그간의 국회의원이 누린 혜택을 모두 벗겨 버린다면 그래도 그럴까?

'고용복지연금선진화연대'는 2014, 2015년 3차례에 걸쳐 유럽 정당제도를 살펴봤다. 그리고 유럽식 선거제도로 변할 수만 있다면 우리 사회가 크게 발전할 수 있다는 확신을 얻었다.

즉, 국회의원 선출제도를 확 바꾸는 것이다.

지역구를 없애고 전국 단일 비례대표제로 가든지(유럽 국가 선출제도), 또는 지역구 반 비례대표 반의 독일식 선거제도로 가는 것이다. 의원 수는 국민이 원하는 대로 정하고 의원들의 특권을 내려놓는 것이다.

100명이든 600명이든 정해 놓고 힘들어 못 하겠다는 의원들이 속출하게끔 하는 것이다.

이렇게 되어갈 때 양당정치는 깨지고 질 좋은 원외정당들의 국회 진입이 이뤄지면서 정당 간 연대와 정책 혼합을 통한 국가발전이 되어 가고 대의민주주의가 꽃을 피우게 될 것이다.

특권과 부패는 동시에 소멸되게 마련이다.

스웨덴, 노르웨이, 덴마크, 네덜란드 등 우리가 모델로 바라보는 국가들 모두가 비례대표제의 꽃을 피우고 있다.

선거 150여 일 앞두고 어떤 결론도 못 내리고 있는 여야 양당에 촉구한다. 유불리에 의한 선거구 획정에 꼼수를 부리지 말고 선거제도를 좀 확 바꿔 국민으로부터 칭찬받고 대의민주주의가 발전해 잘사는 우리나라 만들자고!

원외정당도 정당이다

- 2016. 1. 5.

선거제도개혁 촉구를 위한 원외정당 기자회견 전문

- 개혁국민신당, 고용복지연금선진화연대, 한국국민당

2016년 1월 1일부터 대한민국은 선거구가 없는 나라가 되었습니다.

헌정사상 초유의 비상사태가 발생했습니다. 이는 집권당인 '새누리당'과 제1야당인 '더불어민주당'의 공동책임으로 보이지만, 원외정당의 입장에서 보면 한 치의 양보 없이 원외정당의 원내진입 자체를 원천봉쇄하려는 새누리당의 전적인 책임입니다.

원외정당도 정당입니다.

저희 원외정당도 이번 제20대 국회의원선거에 임하면서 전국적으로 후보들을 출마시키고 있습니다. 국민의 위임으로 대의정치를 하는 국회는, 그 구성부터 '민주'와 '평등'과 '상식'으로부터 출발해야 합니다.

그럼에도 불구하고, 현재의 국회는 '비민주'와 '불평등'과 '비상식'으로 출발하고 있습니다.

100미터 달리기시합에서, 원내정당 후보들은 99미터 전방에서 출발하고 원외정당 후보들은 스타트 선상에서 출발하고 있습니다.

결과는 불 보듯 뻔합니다. 원내정당 후보가 후보기탁금을 단돈 1원이라도 더 냅니까? 똑같은 기탁금을 내고도 동일선상에서 출발하지 못하는 원외정당 후보들, '비민주'와 '불평등'과 '비상식'인 현재의 반칙적인 선거제도, 이제는 바꾸어야 합니다.

오늘날, 대한민국은 장기적인 저성장과 경기침체, 심각한 청년실업, 중장년층의 일상화된 희망퇴직, 갈수록 악화되는 저출산과 고령화 등 매우 위중한 사회경제적 도전에 직면해 있습니다.

그런데도, 국민을 대표한다는 국회는 당리당략과 사리사욕에 눈이 멀어 사분오열되고 있으며, 시급한 민생과 국가안위를 내팽개친 채 내년 총선에서 자리를 보전하기 위한 진흙탕 싸움에만 골몰하고 있습니다.

작금의 국회를 바라보는 국민들의 답답하고 안타까운 심정은 걱정과 우려를 넘어 탄식과 분노, 절망으로 얼룩지고 있습니다.

이에 우리 원외정당들은 원내정당과 그 소속 국회의원들이 본연의 소임과 직무를 다하지 않고, 국민의 염원을 외면하는 현실을 더 이상 방관할 수 없어 타는 목마름으로 이 자리에 섰습니다.

　정치는 더 이상 의석수의 싸움이 될 수 없으며, 정당의 덩치로 무소불위의 권력을 행사하거나, 이념적 알력을 일삼으며 민생을 외면하는 행태는 이제 곧 국민의 가혹한 심판으로 역사에서 자취를 감추게 될 것입니다.

　이처럼 중차대한 시대적 요구와 변화의 새바람에 부응하여, 우리 원외정당의 당원과 그 가족, 그들의 삶을 지탱하는 지역사회 일원들은, 진정한 대의민주주의 실현과 국민 모두가 참여하는 참신한 정치를 염원하며, 원내정당들에게 공정한 선거를 위해 다음과 같은 선거제도 개혁을 강력히 촉구합니다.

〈비례대표제의 확장〉
첫째, 정당명부식비례대표제의 문턱을 대폭 낮출 것을 강력히 촉구한다.

지구상 제일 잘사는 서유럽 국가들은 100% 비례대표제를 운영하고 있다. 현재 비례대표국회의원 정당배분조건은 정당득표율이 전국유효투표 총수의 3% 이상이거나, 지역구국회의원선거에서 5석 이상을 차지한 정당에 1석을 우선 배정하고 있다.

이는 선거보조금마저 거대정당들이 독식하는 폐쇄적인 구조에서 국민과 원외정당의 정치참여를 근본적으로 차단하겠다는 것과 다름없다.

따라서 보다 다양한 국민을 대변하는 참신한 국회의원이 배출될 수 있도록 비례대표국회의원 우선배분조건을 전국정당득표율 3%를 2%로 낮추고, 의석수 또한 2% 이상 3% 미만 1석, 3% 이상 3석을 배정해, 유권자의 표심이 반영되도록 수정할 것을 제안한다.

〈원외정당에 대한 국고보조금 지급〉
둘째, 21세기에 부응하는 정당정치와 대의민주주의 실현을 위하여 원외정당에도 적법한 선거활동을 보장하는 국고보조금을 배분하라.

현재 정당에 대해 경상보조금, 선거보조금 등의 명목으로 국고보조금이 지급되고 있으나, 국회 교섭단체 구성 여부, 국회의석수, 정당득표율 등을 기준으로 거대정당들이 독식하고 있다. 그러나 국민의 정치적 참여를 보장하여 진정한 민주주의를 실현하기 위해서는 선거에 참여하는 원외정당에도 선거보조금만큼은 지원해야 할 것이며, 이제라도 그 지급 비율과 절차를 논의하는 기구를 국회에 설치할 것을 제안한다.

〈기호 배정의 문제점〉
셋째, 기호의 기득권에 누운 '1, 2, 3번' 기호 독점의 독재정치를 없애야 한다. 현재는 국회의원 의석을 가진 정당은 의석수에 따라 선기호를 부여하고, 국회의원 의석이 없는 정당은 정당 명칭의 '가. 나. 다…' 순서에 따라 후순위 기호를 부여하고 있다.

임기를 다한 국회의원을 새롭게 뽑아 새로운 국회를 구성하고자 총선거를 치르는 것이다. 기존의 국회의원 수는 배제되고 원점에서 게임을 해야 마땅한 것이다. 기존의 의석여부를 불문하고 원내·외 정당을 구별하지 말고 정당 명칭의 '가. 나. 다…' 순서에 따라 기호를 부여하는 것이 당연한 것이다.

〈공정한 토론의 기회〉

넷째, 국회의원선거 후보의 대국민 정책토론에 원외정당 후보를 동참시킬 것을 강력히 촉구한다.

거듭되는 지적이나, 현재의 선거제도와 문화는 국고보조금부터 비례대표 국회의원 배분에 이르기까지 다수의 국회의원을 보유한 거대정당들의 기득권만을 적극 옹호하고 있다. 다가오는 4.13총선을 시작으로, 원외정당의 후보들도 국민들에게 각자의 공약과 정치적 소신, 사람됨을 적극 드러내고 알릴 수 있는 채널을 제도적으로 보장할 것을 요구한다. 이는, 자격 미달의 후보가 거대정당의 치마폭에 숨어 국회에 등원하는 폐해를 없애는 길이다.

보다 유능하고 열정 있는 후보가 새로운 정치를 펼칠 수 있는 기회를 균등하게 보장하여 국민 모두가 염원하는 정책선거를 실현할 것을 강력히 제안한다.

번호 두 개 달고 치르는 헷갈리는 선거

- 2016. 4. 22.

선거에 한 당이 두 개의 번호를 달고 출전한다. 유권자도 후보자도 헷갈리게 마련이다.

20대 총선에 처음 도전한 고용복지연금선진화연대는 지역에서는 5번, 비례는 10번을 달고 뛰었다. 지역후보가 있는 지역에서 혼란이 일게 마련이다.

교차투표가 일어나지 않은 한 지역 5번을 찍은 유권자가 비례 5번을 찍지 않았다고 누가 말할 수 있을까?

정당의 지역과 비례번호는 같아야 한다. 그렇게 할 수 있다.

원외정당은 개밥의 도토리다. 이리 치이고 저리 치여도 편드는 이 없고 이의 제기하는 이도 없다.

한 정당이 두 개의 번호를 달고 선거를 치러야 했다.

문명국가에서 도저히 일어날 수 없는 선거다.

출발선이 다른 불공정한 선거

– 2016. 4. 22.

선거는 공정해야 한다.

새로운 국회구성원을 국민들이 선택하는 선거도 그래야 한다.

후보들이 출발선에 나란히 설 때 그 조건은 같아야 한다는 얘기다.

> **써, 써, 쓰라고...공짜야**
>
> **새누리 163억 9700여만**
> **더민주 140억 2400여만**
> **국민의당 73억 1400여[**

창당 후 선거를 처음 치러 보는 '고용복지연금선진화연대' 대표로서 "뭐 이런 불공정한 게임이 있어." 하고 여러 번 한탄했다.

옆에 기존 후보들은 넉넉한 보조금에 100m 경주를 99m 앞에서 출발하는 격이다.

20대 총선에서 새누리는 163억 9,700여만 원, 더민주는 140억 2,400여만 원, 국민의당은 73억 1,400여만 원을 지원 받았다.

원외정당은 단 1원도 지원 받지 못한다.

대한민국에서 정당을 만든다는 것이 얼마나 어려운가.

창당준비위를 구성해 놓고 대부분 그대로 소멸된다.

그만큼 어렵게 기득권이 쳐 놓은 장애물을 헤치고 선거에 나서는 정당이라면 같은 선에서 정책이 마련되어 있어야 한다.

　고용복지연금선진화연대는 20대 총선 참여에서 얻은 소중한 경험을 토대로 선거개혁을 위한 문제점을 짚어 나갈 예정이다.

선진국으로 가는 정치 제도 선진화

- 2016. 5. 18.

소선거구제, 지방토호 직업정치인 사라져야 한다

왜? OECD, EU 국가는 전국 비례대표제를 실시하나?

국민 수준이 정치 수준, 신 정당정치 국민계몽 절실

'혼합비례대표제'로 낡은 정치개혁 해야

한국 정당정치가 이제 변화의 변곡점에 올라섰다.

해방과 함께 실시된 70년 된 미국판 정당정치를 바꿔야 한다.

소선거구 제도에서 EU 및 OECD 국가가 채택하고 있는 전국 비례대표제로 껍질을 벗는 정치 제도의 대수술이 필요하다.

지구상에서 제일 잘사는 덴마크, 스웨덴, 네덜란드, 노르웨이, 벨기에 등은 100% 전국비례대표제를 실시하고 있다. EU나 OECD 회원국가에서 승자독식 선거제도를 채택하고 있는 나라는 프랑스, 영국, 미국, 캐나다, 호주뿐이다.

그 나라 국민 수준이나 정치 수준이 우리와 크게 차이 나기 때문에 비교할 일도 아니다.

더 정확한 수치로 알아보자.

OECD 회원 34개국 중 24개국, 즉 71%가 100% 전국 비례대표선거제도를 채택하고 있다. 여기에 혼합비례대표제를 택하고 있는 독일, 헝가리, 뉴질랜드 회원국을 포함하면 그 수치는 79.4%로 올라간다.

왜 잘사는 나라들은 비례대표제를 선택하고 있는가?

선진국으로 가는 정치 제도 선진화에 고용복지연금당이 개혁의 기치를 건다. 정당이라는 정치기계가 못 해낼 일이 아니다.

국민의식 개선이 우선이다.

비례대표제를 없애야 국회가 잘되는 줄 아는 국민계몽과 낡고 부패한 정치인을 몰아내는 일이 국회개혁으로 가는 길이다. 세상은 스스로 변하지 않는다.

우리가 만드는 것이다.

에필로그

"아무것도 안 하면
아무 일도 일어나지 않는다."

미국과 한국에서 30년 가까이 NGO 활동을 해 온 필자가 갖고 있는 하나의 신념이 있다.

"아무것도 안 하면 아무 일도 일어나지 않는다."

그것은 누가 가르쳐 준 것도 아니고 크게 연구를 해서 깨달은 것도 아니다. 젊은 시절 대한항공 국제선 사무장 탑승 경력 9년을 빼고 나면 내 인생은 항상 내 자신이 개척해 왔다. 늘 지식을 탐구해 왔고 무엇인가 끊임없이 해야만 하는 습성이 있다.

KAL을 자발적으로 퇴직한 것도 그리고 유학 겸 이민이 되어 버린 미국 생활도 무언가 계속 추구하고 모험을 찾는 그런 생활의 연속인 셈이다.

원외정당도 정당이다. 고용복지연금선진화연대는 노령화 전문 정책 정당이었다.
(국립현충원 참배, 2015. 3.)

대한은퇴자협회(KARP)를 설립한 것도 그리고 새로운 길을 찾아 정당을 설립한 것도 같은 맥락이다. 고용복지연금당을 설립했으면 정당의 정책 활동만 잘하면 되련만 더 어려운 길을 찾아 기성정치를 바꾸는 운동에 나섰었다.

승자독식, 기성 선출제도를 바꿔 정치 선진화를 만드는 길은 멀고 험난하다. 다행히도 중앙선거관리위원회가 비슷한 비례대표제도를 제안했고 국민의식도 높아지고 있다.

그러나 고용복지연금당 혼자서는 어려워 원외정당 규합에 나섰었다. 그래서 머리를 맞대고 원외정당이 추구하는 공동목표와 편파적인 행위에 대해 같이할 수 있는 틀을 만들어 보려고 했었다. 당시 정당 역사상 처음 있는 일이라 한다.

원외정당들이 일찍이 경험해 보지 못한 20대 총선에서 얻은 167만 표라는 Casting-Vote의 힘을 다음 선거에서 발휘할 수 있는 경험을 공유한 셈이다. 그러나 이제 등록 정당이 40개가 넘는 현 상황에서 이념이나 정강정책을 넘어 제휴하리라는 기대는 멀어질 것 같다.

'승자독식, 바꾸자 기성정치'는 선출제도 개혁이다. 지역구 출신들이 나라보다 지역에 매달리고 양당정치로 인한 부패와 패거리 정치판에 전문정치인들을 비례제도로 투입해 대한민국을 선진화하는 작업이다.

스톡홀름 의회에서 만난 바브라 의원은 "나는 주 7일 일하는 셈이다. 나를 돕는 비서도 없다. 월 6만 5천 크로나 정도 지급되는데 9천 달러 정도다. 높다고 국민들은 생각하는데 이 정도 주질 않으면 전문직 직종을 가진 유능한 사람들이 국회로 안 온다."고 말한다.

혼합비례대표제를 위한 첫 작업으로 국회의원 정족수를 늘려야 한다. 개헌과 함께 대한민국 의회선출제도를 개혁하라! 동물의 왕, 킹 라이온의 고민을 해야 한다. 그러나 국회의원 수를 늘리는 일은 국민정서상 도저히 받아들이기 어려운 일이다. 아니 국회의원을 줄이라고 아우성인데 늘려야 한다고…? 그 저항을 상상할 수 없다.

그래서 개혁이다. 이제까지 우리가 해 온 익숙한 것에서 벗어나 선진 사회가 걸어간 길을 답습해 가야 한다. 왜, 잘사는 OECD, EU 국가의 86.5%가 비례대표 선출제도를 택하고 있나?

이제 승자독식 선출제도에서 비례대표제로 가야 한다! 70년이 넘는 승자독식 선거제도(FTTP, First Past The Post)를 손봐야 한다는 소리가 학계, 정치계, 시민 사회영역에서 일어나고 있다. 민의를 제대로 반영하지 못하는 현재의 승자독식 선거제도에서 비례대표제 도입을 주장한다.

양당제를 생산해 내는 승자독식 선거제도는 부패, 기득권 양성, 지방 토호세력 결탁, 안하무인 특권층, 질 낮은 의원양산, 지역주의 양산 등으로 국민의 정치무관심을 자초해 왔으며 끝없는 양당체제 고착화로 국정의 혼란을 지속해 왔다.

세상에서 제일 민주주의가 발달하고 사회복지제도 모범국인 서구 국가들은 87%가 비례대표제를 운영하고 있다. 왜, 이들 국가들은 100년부터 이 제도를 운영해 왔고 만족해하는가?

그런데 비례대표제 도입에서 유념해야 할 사안은 제도개혁의 열쇠를 국회가 쥐고 있다는 점이다. 지역구가 없는 전국비례대표제가 좋지만 지역구를 가진 기득권 의원들이 닦아 온 표밭을 없애는 일에 누가 나서겠는가? 기존 국회의원을 움직이기 위해서는 지역구를 인정해야 할 것이다. 그래서 지역·비례혼합 대표제로 가야 할 것이다.

즉, 혼합비례대표제로 개혁한다는 전제 아래 국회정원은 20대 지역구 의석인 253:253으로 총의석 506명, 또는 전체 의석수 300:300으로 600명, 또는 지역구 조정을 통해 지역구 200:200 비례로 400석으로 제안한다. 방법은 여러 가지이다.

늘어나는 재정 문제는 현재 의원들이 받고 있는 혜택을 반으로 줄이면 추가 예산 없이 풀어 갈 수 있다. 그런 해답은 이미 의석을 갖고 있는 기존 정당이 제안하기도 했다.

현재 국회에 설치되어 있는 국회헌법개정특별위원회에 현역 의원과 학회, NGO가 연대해 선거제도개혁단을 설치해야 한다. 그리고 개헌을 통해 승자독식 대통령제를 비롯해 의회 선출제도를 바꿔야 한다. 뉴질랜드나 캐나다처럼 국민운동으로 선거제도 개혁에 틀을 만들어내 적어도 22대 총선에서 공정하고 사표가 없는 민주적 대표를 뽑는 선출제도가 운영되어야 한다.

유권자인 국민이 나서야 한다. 정치를 멀리 할수록 좋아하는 사람은 여의도에 있는 사람들이다. 변화가 필요하면 직접 나서야 한다. 절대로 쉬운 일이 아니다. 쉬운 일이라면 누구나 할 것이다.

영국 보컬 그룹 Queen의 노래가 있다. 〈The show must go on!〉서커스단이나 극단에서만 쓰는 말이 아니다. 국가, 국민, 시민을 위한 진정한 Show는 멈출 수 없다. 모두가 조금씩 이런 변화에 움직인다면 언젠가는 변화가 일어난다. 그것이 우리 생전에 일어나든 말든 역사는 그 방향으로 흐르게 마련이다.

그리고 국민 계몽용 승자독식 개정판이 나오는 데 자료조사와 교정교열에 시간을 쏟은 정찬일 위원과 고용복지연금당 옛 동료들에게 감사한다.

"아무것도 안 하면 아무 일도 일어나지 않는다."

주명룡
대한민국 서울 광나루에서

참고문헌(Bibliography)

직업으로서 정치, 막스 베버

Wikipedia

Lithuania 선거관리위원회

electoral systems, google

UN 통계

OECD

EU

연방선거관리위원회, 미국

네덜란드 선거관리위원회

덴마크 의회 Folketinget

폴란드 선거관리위원회

한국경제, 2019. 11. 16.

스웨덴 의회 Riksdag

KARP 10th Forum, 한정란

중앙선거관리위원회(대한민국)

고용복지연금 홈페이지

독일 연방의회 Bundestag

네덜란드 의회 Tweede kamer

미국 정치에서 배워라(주명룡)

다음 국가를 말한다(박명림 연세대학교 정치외교학과 교수)

비례대표 선거제도(박찬욱 서울대학교 정치외교학부 교수)

정부와 NGO(임승빈 명지대학교 행정학과 교수)

유럽정치(유럽정치연구회)

Also by Myong Juch

주명룡 저서

《퇴직은 있어도 은퇴는 없다》

《잿빛 새벽》

《준비되셨나요?》

《미국 정치에서 배워라》

《노령친화도시가이드》(번역)

《노령친화의료센터가이드》(번역)